ビジネス英語21
説得力あるメッセージ構築法

林 純三 — 著

大修館書店

はしがき

　「ビジネス英語」のタイトルを冠した本は数多いが，本書『ビジネス英語21』がそれらと異とするところは，「構築」の理念であろう。
　『ビジネス英語21』は，ただ単にできあがったメッセージをモデルのかたちで見るだけではなく，部品から全体へとメッセージが構築されていくプロセスを意識し，考えるという試みである。この意図から，本書は次の構成をとる。

- **STAGE I　役にたつフレーズ**
  ビジネスコミュニケーションで欠かせない「欲求」「感謝」「依頼」などの7つの基本的なトピックをとりあげ，そこで使われるフレーズを中心にコミュニケーションのパターンを考える。
- **STAGE II　役にたつボキャブラリー**
  「人・もの／かね・情報」の移動という観点から語彙をまとめ，併せて「もの」の国際取引で使われる語彙を復習する。STAGE I のパターンを活用するには，語彙の習得が求められるからである。
- **STAGE III　役にたつグラマー**
  文を構築するには「文法」が必要となる。「文法」は，その名の通り，語彙を並べて文を生み出すためのルールである。役に立つ「文法」のいくつかを取りあげ，意味的観点から理解しようとする。
- **STAGE IV　レター・ファックス・Eメール**
  文字によるコミュニケーションの代表的な通信手段であるこの3つの「体裁」を復習し，併せて，代表的なビジネスのいくつかの状況で構築されたメッセージを例示し，その構成を鑑賞する。
- **STAGE V　受動態・繰り返し・丁重性**
  メッセージを構築するに当たって，留意すべきポイントである。この観点から英語に接していくと，これまで見えなかった部分が見えてくる。

　なお，それぞれの Unit の終わりには，理解度のチェックのため Exercises を用意している。Gap-filling Exercises は，巻末の解答例を参照していただきたい。

　国際取引の中身の変容は，思う以上に大きい。人の交流，通信手段，運送手段，決済手段など，取引のあらゆる面で日々大きな変容を続けており，その中で「ビジネス英語」も大きな変化を強いられている。この『ビジネス英語21』というタイトルは，21のユニット（21 Units）から構成されていることに由来する。変容を続ける国際ビジネスを背景に，これからのビジネス英語は，この21の「キー・ポイント」を押さえておかなければならないという「試み」である。

　また，この21のユニットは，初めから順次読んでもらってもよし，あるいは，興味のあるユニットを抜き読みしてもらってもよいような構成になっている。併せて，それぞれのユニットが講義の1コマと考えることができるなら，本書は個別指導としての新しいパイロットになることができるのではないかとの願いをこめている。とすると『ビジネス英語21』は，新しく生まれ変わりゆく21世紀に通用するビジネス英語の水先案内人らしき役割を担ってくれるものと思う。

　本書は，多くの方々のお蔭をこうむっている。すべての方々をあげることは不可能であるがなかでも，敬愛する友，石井俊夫氏と小林順氏から貴重なレターをはじめとする資料を提供していただいた。また，英語に関しては，平安女学院大学教授 Stephen Slater 先生からお教えいただき，さらに，原稿のチェック，アドバイスなど，西村とし代さんにお世話になった。ほんとうにありがとうと申し上げたい。

　また，本書の出版は，大修館書店編集部次長の飯塚利昭氏のお世話がなければ実現はなかったと思う。心から感謝を表したい。

2003年1月

林　純三

目　次

はしがき　*i*

Stage I　役にたつフレーズ(Useful Phrases)

Unit 1　「欲求」(**would like to**)と「希望」(**hope**)　*1*
1．「…がほしいのですが／したいのですが」(would like/would like to...)　*1*
2．「望む」(hope to/that...)　*3*
　[GAP-FILLING EXERCISES (1)]　*5*
　[would like/would like to... のいろいろ]　*5*
　[Words & Phrases] [覚えましょう]　*6*

Unit 2　「期待」(**look forward to**),「確信」(**believe**)と「思考」(**think**)　*7*
1．「心待ちにする」(look forward to...)　*7*
2．「信じる」(believe/trust...)　*10*
3．「思う」(think...)　*11*
　[GAP-FILLING EXERCISES (2)]　*12*
　[「会社」の表現のいろいろ]　*12*
　[Words & Phrases] [覚えましょう]　*13*

Unit 3　「喜び」(**pleasure**)　*14*
1．「うれしい」(be glad/happy/pleased)　*15*
2．「…するのはすばらしい／うれしいことです」　*16*
3．「うれしい」から「感謝」へ　*16*
4．未来の「喜び」から「申し出」「依頼」へ　*17*
　[GAP-FILLING EXERCISES (3)]　*18*
　[「うれしい」のいろいろ]]　*19*
　[Words & Phrases] [覚えましょう]　*19*

Unit 4　「感謝」(**Thank you; Thanks**)　*21*
1．thank(動詞)/thanks(名詞)を使う　*21*
2．appreciateを使う　*23*
3．be gratefulを使う　*24*
4．その他の感謝表現 [うれしい，助かりました，ご親切に]　*26*

［GAP-FILLING EXERCISES (4)］　*27*
　　　［"Thank you."のいろいろ］　*28*
　　　［Words & Phrases］［覚えましょう］　*29*
Unit 5　「依頼」(**requests**)　*30*
　　1．Please...; Will you...?; Can you...?の頼み方　*30*
　　2．be grateful; be glad/happy/pleasedの頼み方　*32*
　　3．appreciateの頼み方　*33*
　　4．その他の依頼表現　*35*
　　5．依頼表現の使い分け　*36*
　　6．英語では命令；日本語では依頼　*37*
　　　［GAP-FILLING EXERCISES (5)］　*39*
　　　［依頼表現のいろいろ］　*41*
　　　［Words & Phrases］［覚えましょう］　*41*
Unit 6　「できる・できない」(**can; cannot**)　*43*
　　1．「できる」(can)　*43*
　　2．「できない」(cannot)　*44*
　　3．未来の「できる」(will be able to...)　*45*
　　4．「不可能である」(impossible)　*46*
　　　［GAP-FILLING EXERCISES (6)］　*47*
　　　［can/couldのいろいろ］　*47*
　　　［Words & Phrases］［覚えましょう］　*48*
Unit 7　「あいさつ」(**greetings**)　*50*
　　1．希求表現(well-wishing)　*50*
　　2．お祝いの言葉―「おめでとう」(congratulations)　*52*
　　3．お悔みの言葉(sympathy; condolences)　*53*
　　　［GAP-FILLING EXERCISES (7)］　*55*
　　　["I am sorry."のいろいろ］　*56*
　　　［Words & Phrases］［覚えましょう］　*57*
　　　［READING EXERCISES］(1)-(4)　*59*

STAGE II　役にたつボキャブラリー(Useful Vocabulary)

Unit 1　人の移動　*63*
　　1．leaveとarrive　*63*
　　2．「行く」(go)・「来る」(come)　*66*
　　3．「連れて/持って行く」(take)・「連れて/持って来る」(bring)　*68*
　　4．もう1つの「行く」― travelとvisit　*69*

5．「動かない」のがstay　*70*
　　6．もう1つのtake　*71*
　　7．「戻る・帰る」(return)　*71*
　　8．人の移動でよく使われる用語　*71*
　　［GAP-FILLING EXERCISES（8）］　*73*
Unit 2　もの・かねの移動　*74*
　　1．「送る」(send)・「受け取る」(receive)　*74*
　　2．「(金銭を)送る」(remit)　*79*
　　3．「(代金を勘定に)つける」(charge)　*80*
　　4．「貸方票」(creidt note)・「借方票」(debit note)　*81*
　　5．もの・かねの移動でよく使われる用語　*82*
　　［GAP-FILLING EXERCISES（9）］　*83*
　　［国際郵便(International Mail Service)］　*84*
Unit 3　情報の移動　*85*
　　1．tellとinform　*85*
　　2．sayとtell　*87*
　　3．伝達手段—手紙，ファックス，Eメール，電話　*90*
　　4．対話—話をする(speak; talk; discuss; negotiate)　*92*
　　5．「伝達」のgive　*94*
　　6．情報の移動でよく使われる用語　*95*
　　［GAP-FILLING EXERCISES（10）］　*96*
Unit 4　取引の英語　*97*
　　1．取引先を見つける　*98*
　　2．取引の申し込み・引き合い　*101*
　　［GAP-FILLING EXERCISES（11）］　*104*
　　3．オファー(an offer)［売り申し出］　*106*
　　4．注文(an order)　*108*
　　5．支払い(payment)　*110*
　　6．出荷(shipment)　*113*
　　7．クレーム(a claim)　*114*
　　［GAP-FILLING EXERCISES（12）］　*115*
　　［READING EXERCISES］(1)-(5)　*117*

STAGE III　役にたつグラマー(Useful Grammar)

Unit 1　時制と完了・進行　*122*
　　1．単純現在　*123*

2．過去　*124*
3．未来　*125*
4．現在完了　*126*
5．現在進行形と未来進行形　*127*
［GAP-FILLING EXERCISES（13）］　*129*

Unit 2　関係代名詞と分詞による修飾　*130*
1．目的格の関係代名詞— whichとwho(m)　*131*
2．-ing（現在分詞）と-ed（過去分詞）による後置修飾　*131*
［GAP-FILLING EXERCISES（14）］　*133*

Unit 3　文/節と文/節の接続　*134*
1．andとbut　*135*
2．as/since...; although/though...とif...　*136*
3．becauseの使い方　*138*
4．接続の副詞　*139*
［GAP-FILLING EXERCISES（15）］　*140*

Unit 4　「ところ」と「時」の前置詞　*141*
1．「ところ」の前置詞：at, in, on, for　*141*
2．「ところ」から「時」の前置詞へ　*143*
3．at, in, on, forの意味の広がり　*144*
4．by, of, withの意味の広がり　*146*
［GAP-FILLING EXERCISES（16）］　*147*
［READING EXERCISES］（1）-（5）　*148*

STAGE IV　レター・ファックス・Eメール

Unit 1　レターの体裁と実例　*152*
［Letter（1）］［SEMI-BLOCK STYLE; Mixed Punctuation］
　入学申し込みにたいする返信　*152*
［Letter（2）］［BLOCK STYLE; Mixed Punctuation］
　贈りものにたいする礼状　*156*
［Letter（3）］［BLOCK STYLE; Open Punctuation］
　取引の申し込みをする　*162*
［Letter（4）］［SEMI-BLOCK STYLE; Mixed Punctuation］
　就職の推薦をする・履歴書　*165*
［Letter（5）］［BLOCK STYLE; Mixed Punctuation］
　求人に応募する　*170*
［Letter（6）］［BLOCK STYLE; Mixed Punctuation］

値上げを通知する　*174*
　　［Memorandum（1）］講習会の詳細を知らせる　*175*
　　［Memorandum（2）］会議の中止を伝える　*178*
　　［Memorandum（3）］会議の日程の希望を尋ねる　*178*
　　［ビジネス・レターを書くためのチェック・ポイント］　*179*
Unit 2　ファックスの体裁と実例　*180*
　　［Fax（1）］訪日のお礼と旅の報告　*182*
　　［Fax（2）］取引先へ工場見学の申し込み　*184*
　　［Fax（3）］クレーム解決の報告（カバーページ付き）　*186*
Unit 3　Eメール　*188*
　　［E-mail（1）］個人輸入問い合わせの返信　*191*
　　［E-mail（2）］商品発送と代金請求の報告　*192*

STAGE V　受動態・繰り返し・丁重性
　　　　　　　―メッセージを書くにあたって―

Unit 1　受動態（**passive voice**）　*195*
　1．ふつうは「受動態」―感情を表す動詞　*195*
　2．動作主の主語を表現しないほうが望ましい場合/動作主が不明の場合
　　　196
　3．動作主よりも受動態の主語のほうが重要である場合　*197*
　4．文/節と文/節の結合を容易にする場合　*198*
　5．受身文に似た構文　*199*
　　［REVIEW EXERCISES］　*201*
Unit 2　繰り返し（**repetition**）　*202*
　1．代名詞による繰り返し　*203*
　2．同じ語による繰り返し　*204*
　3．上位語による繰り返し　*205*
　4．同意語による繰り返し　*205*
　5．特徴づけと説明による繰り返し　*206*
　6．定義づけによる繰り返し　*206*
　7．要約語による繰り返し　*207*
　8．繰り返しの実例　*208*
Unit 3　丁重性（**politeness**）　*209*
　1．丁重性とは　*209*
　2．あからさまにFTAをする―日本語・英語の違い　*211*
　3．修正してFTAをする：ポジティブ・ポライトネスを使って　*213*

4．修正してFTAをする：ネガティブ・ポライトネスを使って　*217*
  5．ポジティブ・ポライトネスとネガティブ・ポライトネス　*222*
  6．ビジネス・コミュニケーションとポライトネス　*224*

参考文献　*226*

Answers to Exercises　*229*

STAGE I

役にたつフレーズ(Useful Phrases)

　このステージでは，ビジネスでよく使われるフレーズ（表現）を選びました。「欲求」「希望」「期待」「確信」「思考」「喜び」「感謝」「依頼」「能力」「あいさつ」という慣用表現の使い方を復習します。

　このような表現は日常会話のみならず，ビジネスの場でもよく使われます。自分の欲求・希望・期待を伝え，具体的な依頼をしながら相手方とのビジネスの実現の糸口にしていくものです。また，あいさつ表現は，取引先との相互関係の維持，発展のためにも欠かせないもので，さらに感謝・喜びを伝えることは，丁重性に繋がります。また，お互いの話合いのなかで，思考，確信，能力などを伝えることもビジネスの場でよくあることです。

　ここでは，そういったベーシックな表現を復習しながら，それぞれの使い方を確認していくことにしましょう。

Unit 1 「欲求」（would like）と「希望」（hope）

　まず，「欲求」と「希望」の表現を復習しましょう。

1．「…がほしいのですが/したいのですが」（**would like/would like to…**）
I want/want to…よりも I would like/would like to…
　同様の表現の want は強い欲求を示す語で I want/I want to…(…がほ

しい/したい）というと，相手に自分の欲求をおしつけることにもなりかねないので，代わりに I would like...（…がほしいのですが）; I would like to...（…したいのですが）を使います。それぞれ，I'd like...; I'd like to...と縮約されます。

(1) a. I would like information about your English courses this year.（私は今年の貴校の英語コースについての情報がほしいのですが）

b. I'd like to talk to Mr. Suzuki, please.（私は鈴木さんに話をしたいのですが［電話会話］）

自分の欲求を伝えることが相手のためになることならともかく，ふつうは控え目に自分の欲求を伝えることが大切です。would like は，強い欲求を意味する want に代えてソフトな欲求を示す like を使い，その上，仮定法過去の助動詞 would をそえて口調をやわらげています。このように would like/would like to...は，「今，…がほしい/したい」のように特定の場合に用いられ，like/like to...は「…を好む/することが好きだ」という一般的な意味で使われることに注意しましょう。また，(1a)は I would like to receive/have information...のように言うこともできます。もう少し例文をあげておきます。

(2) a. If you would like more details, please call.（さらに情報をお求めならば，お電話ください）

b. I would very much like to attend one of your summer English courses this year.（私は貴校の今年の夏の英語コースの１つにぜひ出席したいのですが）

［欲求］
◆〈人〉 would like...（〈人〉は(今)…がほしいのですが）
◆〈人〉 would like to...（〈人〉は(今)…したいのですが）

wish to...と be interested in -ing...

wish to...は，実現が難しいことを願望する意味で，それだけ控え目で丁寧なアプローチですが，やや格式ばった表現でもあり would like to...のほうが一般的です。この点，be interested in -ing...は，興味を示すことによって「…したいと思っている」という積極的な欲求を伝え，would like to...とともによく使われます。

(3) a. We wish to/would like to draw your attention to the follow-

ing points:（下記の点にご注目いただきたいと思います）
b. We are greatly interested in extending our field of operations to cover South America.（当社は当社の営業地域を南米を網羅するよう拡げたいと思っています）

［欲求］
◆〈人〉wish to...（〈人〉は…したいと願っています）［願い］
◆〈人〉be interested in -ing（〈人〉は…したいと思っています）［興味］

2．「望む」（hope to/that...）

「私は…することを望む」はI hope to...;「私は〈人〉が…する/〈事〉が…であることを望む」はI hope that〈人/事〉...
　「希望として…したい」という意味で，成功，達成，改良のような望ましいことが実現してほしいと思う時に使います。
　(4) a. I hope to see you again.（私はまたあなたにお目にかかることを望んでいます）
　　　b. I hope that you will come.（私はあなたが来られることを望んでいます）
I hope to (do)の構文では，不定詞の意味上の主語もIですが，I hope that...の構文では，that節の主語はIと違ってきます。
　(5) a. I hope to visit Italy this year.（私は今年イタリアを訪問することを望んでいます）
　　　b. I hope (that) you will enjoy your stay in Sydney.（私はあなたがシドニーでのご滞在を楽しまれるよう望んでいます）
I hope that...のthat は，I hope you will enjoy...のように省略されることもあります。また，I hope you to...の構文はありません。従って，*I hope you to enjoy your stay...は間違いで（*印は非文を意味する），この場合 I hope (that) you will enjoy your stay...とします。I hope to...ではto以下はhopeの示す時より未来のことに言及します。従ってI hope that...の構文でもthat節内に未来を示すwillがくることが多いのですが，時には，未来のことでありながら単純現在形が使われていることがあります。
　(6) a. I hope that you enjoy your visit to Kobe.（神戸へのご訪問を

ぜひ楽しまれることを望んでいます）
b. I hope that you come.（必ず来ていただけることを望んでいます）

この(6a)では「神戸への訪問」，(6b)では「来ること」がそれぞれ未来のことなのですが，will を使わない場合は「ぜひ楽しまれること」を，また「必ず来られること」を望みますと，その希望を強調したニュアンスになります。また，希望する内容が未来のことでなく，その発話時のもの，あるいは，過去のことであれば，当然のことながら，次のように that 節はそれぞれ現在形，過去形になります。

(7) a. We hope that you enjoy our specialties.（当店の特製品をお楽しみいただいていることを望んでいます）
b. I hope that you had a lovely Christmas and that the New Year finds you well.（楽しいクリスマスを過ごされたこと，また，新年もお元気で迎えられていることを望んでいます）

［希望］
♦〈人〉hope to...（〈人〉は…することを望んでいます）
♦〈人〉hope that〈人/事〉...（〈人/事が〉…であることを〈人〉は望んでいます）

hopefully は話し言葉

I/We hope that...は，とくにアメリカでは，話し言葉でhopefullyで表現されることが多いです。

(8) a. Hopefully, (＝We hope that) next spring will bring an improvement in the economic situation.（望むらくは，来年の春には経済の状態が上向いてほしい）
b. Hopefully(＝I hope that) we will be in Highland by early evening.（望むらくは，夕方早いうちにハイランドに着いてほしい）

hope は話し手や相手に望ましい内容に限る

hope は，その持つ意味から，当然，話し手や相手に望ましい内容が実現することを望んでいる時に使います。望ましい内容でない場合には，We are/I am afraid...を使います。

(9) a. We are afraid these goods will not appeal to the customers in

this market.（残念ながら，これらの商品はこの市場では顧客にアピールしないと思います）
　b. I'm afraid we cannot help you in this matter.（残念ながら，この件ではお役に立てないと思います）

[**GAP-FILLING EXERCISES** (1)]（空所に適切な語を一語書き入れてください）
(1) I would _____ detailed _____ about the quality of this item.（この品目の品質についての詳しい情報がほしいのですが）
(2) If you _____ like _____ information about our mail order service, please _____ me at 808-396-6500.（当社の郵便注文サービスについてもっと情報をお求めならば，808-396-6500の私にお電話ください）
(3) Our company has decided to expand our _____ into the Chinese _____ over the next three years, and we would like your _____ in this matter.（当社はこれから3年にわたり当社のビジネスを中国市場に拡げることに決めました。ついては，この件について貴社のご援助をいただきたいのですが）
(4) I would like _____ make an appointment to see Mr. Sunn.（サン氏に会うアポをとりたいのですが）
(5) During the time, I _____ _____ to stay with a family.（その間，ホームステイをしたいのですが）
(6) We would like _____ to pay attention _____ this order.（この注文に注意を払っていただきたいのですが）
(7) We are particularly _____ in exporting our steel products to your country.（当社はとくに当社の鋼鉄製品を貴国に輸出したいと思っています）
(8) Mr. Ford hopes _____ visit your Kobe factory next month.（フォード氏は来月に貴社の神戸工場を訪問したいと望んでいます）
(9) We _____ that this report will be informative and _____ to you.（このレポートが貴社に情報を提供するものであり，またお役に立つことを望んでいます）
(10) We hope that you _____ understand our position in this matter.（この件における当社の立場をご理解いただけることを望んでいます）

[**would like/would like to...のいろいろ**]
would like/would like to...の疑問の形を考えてみましょう。
　a. Would you like coffee?（コーヒーはいかがでしょうか）[勧め]
　b. Would you like to come with me?（一緒においでになりますか）[招

c. Would you like to wait a minute?（少し待っていただけませんでしょうか）［依頼］

　すべて疑問文ですが，それぞれの意味は少し違います。a.では「コーヒーはいかがでしょうか」とコーヒーを勧めており，b.では「一緒に来られませんか」と誘っており，c.では「少し待っていただけませんでしょうか」と頼んでいます。

　もともと would like/would like to... は「欲求」をソフトに言い表す表現ですが，これを疑問の形で相手が欲求をもっているかを尋ねることによって「勧め」「招き」や「依頼」の意味をもってきます。このように英語では，相手がそのような欲求をもっているかということが大切なことで，それを尋ねながら，勧めたり，招いたり，頼んだりすることになるのです。

[**Words & Phrases**]

would like〈もの〉「〈もの〉がほしいのですが」
would like to...「…をしたいのですが」
information「情報」(不可算名詞で，複数の s はつかない)
talk to〈人〉「〈人〉に話をする」
attend...「…に出席する」
this year「今年」(this/next/last year のように year/month/week などのような時の表現の前に this/next/last がつくとき，前置詞はいらない)
we「わが校；わが社」(学校・会社・店の者が，それぞれ自分の学校・会社・店をさしていう場合，わが校・わが社・当店の意味で使われる。したがって，貴校・貴社・貴店は you を使う)
be interested in -ing「…したいと思っている」
draw your attention to...「…に注意を引く」
the following...「下記の…」
our field of operations「当社の営業地域」
hope to/that...「…することを/ということを望んでいる」
visit〈人/ところ〉「〈人・ところ〉を訪問する」(visit には「訪問」という名詞形もある)
enjoy your stay「あなたの滞在を楽しむ」
specialties「特製品，自慢料理」
have a nice Christmas「楽しいクリスマスを過ごす」
hopefully「うまくいけば」(文修飾の用法で I/We hope... の意味で主にアメリカで話し言葉で用いられる)
an improvement in the economic situation「経済状態の改善/上向き」
detailed「詳しい」
quality「品質」

mail order service「郵便注文サービス」
call〈人/場所〉「〈人/場所〉に電話をかける」
make an appointment to...「…するアポをとる」
stay with a family「ホームステイをする」
particularly「特に」
export...「…を輸出する」
steel products「鋼鉄製品」
a factory「工場」
understand our position「当社の立場を理解する」
this matter「この件，この事柄，この問題」
an order「注文品」(ほかに「注文」「注文書」の意味もある)
informative「有益な，情報を提供する」
useful「役に立つ」
Would you like/Would you like to...?「…はいかがでしょうか（勧め）」「…されませんでしょうか（招き）」「…していただけませんでしょうか（依頼）」

> ［覚えましょう］
> ・I would like information about your English courses this year.
> ・I would like to talk to Mr. Suzuki, please.
> ・Would you like a drink?
> ・Would you like to wait a minute?
> ・I hope to see you again.
> ・I hope that you will come.

Unit 2 「期待」(look forward to),「確信」(believe)と「思考」(think)

　ここでは，「期待：心待ちにする」「確信：信じる」「思考：考える」を見ます。それぞれ，後に続くことについての「主語の考え方や判断」を示します。

1．「心待ちにする」(look forward to...)

look forward to... は，「…を楽しみにして待つ」
　「将来起ころうとすることを楽しみにして待つ」という意味です。この

look forward to... の to は，前置詞で，その後には名詞表現が続きます。動詞が続く時には動名詞になり，その意味上の主語は look forward to... の主語と一致します。例えば，次の(1b)の動名詞の seeing の意味上の主語は I ということになります。

(1) a. I look forward to the summer vacation. （私は夏休みを心待ちにしています）
    b. I look forward to seeing you next week. （私は来週あなたに会えることを心待ちにしています）

「夏休み」や「会える」ことが決まっていて，それを楽しみにして待つという心的な気持ちを表しています。また，この look forward to... は，次のようにも使えます。

(2) a. I look forward to hearing from you. （私はお便りをいただけることを心待ちにしています）
    b. We look forward to receiving your order. （当社はご注文を受け取ることを心待ちにしています）

この2つは「便りをもらえること/注文を受け取ること」を心待ちにすると言って，実は「便りをください/注文をください」と頼んでいます。このように，to の後に続く出来事が，相手の行為によって起こりうる場合は「依頼」を含意します。(2b)の receiving は We look forward to your order. のように省略することもできます。「ご注文を心待ちにしています」と言ってもわかるからです。

be looking forward to... は「ためらい」の気持ち

look forward to... は，よく進行形で使われます。

(3) a. I am looking forward to seeing you next week. （私は来週あなたにあえることを心待ちにしていますが）
    b. I am looking forward to your next visit in the future. （また来られることを心待ちにしていますが）

進行形のもつ「未完結」という特性を利用し，はっきり言い切らずに，「心待ちにしておりますが…」のように，やや躊躇しながら伝えているのです。この「ためらいの気持ち」を込め，うちとけた感じの(informal)言い方で，半面，はっきりと言い切っていないところが，丁重な表現であるとも言われますが，いずれにしても，親しい間柄でよく使われます。つまり，このような気持ちを移入することからパーソナルレターでよく使わ

れ，ビジネスレターでも，相手先の人と親しくなると使います。この進行形は，Unit 1 の hope にも同じ意味で使われます。

> ［期待］
> ◆〈人〉look forward to... (…を/することを心待ちにする)
> ◆〈人〉be looking forward to... (…を/することを心待ちにしつつ…)［ためらいの気持ち］

expect は「期待する」？

expect はいつも「期待する」という意味では不十分です。expect は「事が起こったり，人が到来することなどが間違いなく実現すると信じて待ち受ける」という意味です。

(4) a. We expect quite good sales in this market. (この市場では相当の売上げが予想されます)
b. Mr. Wright will be expecting you at 3:00 p.m. today. (ライト氏は本日午後3時にあなたのお越しをお待ちしております)
c. I expect to be there this evening. (私は今晩そこに行くつもりです)
d. We expect that you will accept our proposal. (当社の申し込みを受け入れられることと思っています)

(4a)では「当社が相当の売上げが間違いなく実現すると思っている」，(4b)では「ライト氏はあなたが3時に来られるものとして当然お待ちしている」，(4c)では「私は今晩そこへ行くつもりである」，(4d)では「貴社が当社の申し込みを受け入れることになると思っている」という意味になります。また expect は We are expecting a cold winter this year.(今年の冬は寒いと予想していますが)；A declining demand is expected here for this item.(当地ではこの品目にたいする需要は減るものと思われる)のように「悪い事を予想する，予期して覚悟をする」意味にも使われます。

> ［expect］
> ◆ 良いこと/悪いことが必ず起こる，と信じ待ち受ける；人が来ると待ち受ける

2．「信じる」（believe/trust...）

「…であると信じる」は，believe that...; trust that...

ともに「信じる」という意味ですが，that 節が続く時そのニュアンスの違いは，believe は「that 節の内容は根拠があって真実であると主観的に思う(think)」つまり「きっと…と思う」の意味で，trust は「that 節の内容がそうであると望み(hope)，当然そうであると予期している(expect)」ということです。

(5) a. I believe that I have a reservation here.（私はここに予約をしているはずです）

   b. We trust that this price is quite low.（当社はこの値段はきっとかなり安いだろうと思っています）

けれども that 節の内容が未来になると，2つは，同じような意味になります。

(6) a. I believe that this information will be helpful to you.（この情報はあなたのお役に立つものと思います）

   b. We trust that you will understand our position in this matter.（この件における当社の立場をご理解されると思います）

be sure that... も「確信」を示します。believe that... と同様に「主観的な根拠で…と信じている」の意味で，feel sure that... は，確信の示し方がソフトになり，その確信の示し方を強くすると(7c)のように be confident that... を使います。

(7) a. We are sure that you will be happy with the quality of this product.（この製品の品質にきっと喜んでもらえるものと思います）

   b. I feel sure that you will be interested in these samples.（これらのサンプルにきっと興味をもたれるでしょう）

   c. I am confident that we can dispatch your order within the next five days.（当社は，ご注文品をここ5日以内に発送できると私は強く確信しています）

［確信］

◆〈人〉believe that...; 〈人〉be sure that...（主観的に…と信じている）

◆〈人〉trust that...（…であると望み予期している）

3．「思う」（think...）

「〈人〉が…であると思う」は〈人〉 think that...

　think は「頭を働かせて考え思う」という意味で think that... の構文は，思考の結果，出てきた意見，判断の結論を示し「…であると思う」の意味で使われます。従って believe ほどの確信度を示すのではなく「自分の考えでそう思う」という意味です。

　(8) We think that this price is a little too high. （この値段は少し高すぎるように思います）

「思われる」は seem: It seems that...;〈人・事〉seem to be...

　(8)は seem を使って次のようにも表現できます。

　(9) a. It seems that this price is a little too high. （この値段は少し高すぎるように思われます）
　　　b. This price seems to be a little too high. （この値段は少し高すぎるように思われます）

　この2つは，I think... のように「私は…と思う」と思考する当事者を表に出さないで，seem を使って「思われる」と婉曲的に表現しています。これを言っている人が思考する当事者なのです。

「…について考える」はthink about...;「…について熟慮する」はconsider

　think は「頭を働かせて考える」意味で，think about... (…について考える）があります。次は，その意味で使われている例です。

　(10) I will have to think carefully about this matter before coming to a conclusion. （結論を出すまでにこの件について注意深く考えなければならないでしょう）

　consider... は，他動詞で(about は要らない)，動詞が続く時は，動名詞になります。

　(11) a. I will have to consider this matter before coming to a conclusion. （結論にいたるまえにこの件を熟慮しなければならないでしょう）[＝(10)]
　　　b. We consider buying 10,000 units. （当社は，10,000台買うことを考慮しています）

[思考]
♦ 〈人〉 think that A is... (Aは…であると〈人〉は思う)
♦ It seems that A is...; A seems to be... (Aは…であると思われる)

[**GAP-FILLING EXERCISES** (2)]
(1) We _____ forward to our future cooperation. (私たち両社のこれからの協力を当社は心待ちにしています)
(2) I look _____ to receiving your early confirmation of my reservation. (私の予約の早い確認をいただくことを心待ちにしています)
(3) I truly _____ that my business knowledge and experience are ideal for the position you advertised. (私のビジネスの知識と経験は貴社が広告された職種にぴったりであると心から信じます)
(4) We _____ that your order will reach you in good condition. (ご注文品が貴社のもとへ良好な状態で届くものと信じています)
(5) I am sure _____ you will learn a lot from our demonstration and find it very enjoyable. (当社のデモンストレーションから多くを学ばれ、また、お楽しみいただくことと信じます) I look forward to the _____ of seeing you there. (そこであなたにお目にかかれる喜びを心待ちにしております)
(6) I _____ sure that we will have many more questions when we actually start. (現実にスタートすればさらにもっと質問が出てくると確信します) If there are other matters which we need to know about now, please let us know. (もし今ほかに知っておかねばならないことがあれば、お知らせください) I am looking forward _____ your reply. (ご返事を心待ちにしていますが)
(7) We feel _____ that we can meet your shipping requirements this time. (出荷に関するご要求に今回は応じることができることと存じます)
(8) We are _____ that you will be satisfied with our quality services. (当社の質が高いサービスにご満足いただける自信があります)
(9) I _____ that Japan's economy is improving now. (日本の経済は今、回復していると私は思います)
(10) a. It _____ that your prices are a little too high for our customers.
   b. Your prices _____ to be a little too high for our customers. (貴社の値段は当社の顧客にとって少し高すぎるように思われます)

～～～[「会社」の表現のいろいろ]～～～
「会社」に相当する代表的な英語はcompanyです。companyは「一緒に(com)パンを食べる(pany)」という意味から「仲間」を表し、共通の目的

をもって集まって活動する人たちの団体を指す「会社」を示す語として使われるようになりました。「わが社」は，our company と言うこともできますが，人称代名詞の we も使えます。これに対応して「あなたの会社」は，you になります。
　a. We sell video game software packages.（当社はゲームソフトを販売しています）
　b. We hope that you will be interested in our proposal.（当社の申し込みに貴社が興味をもたれることを望んでいます）
　社名として記す ABC Co., Ltd.（ABC 株式会社）；Emson, Inc.（エムソン株式会社）の Ltd./Inc. は，ともに「株式会社組織の」という形容詞の Limited/Incorporated のことです。また，株式会社を意味する語の Corporation を使い，これを社名として Nitta Moore Corporation（ニッタ・ムーア株式会社）のようにする会社もあります。

[**Words & Phrases**]

look forward to...「…することを心待ちにする」
hear from〈人〉「〈人〉から便り（手紙，伝言，電話など）をもらう」
expect「出来事が必ず実現すると思う」；expect〈事〉「〈事〉が必ず起こると予想する」；expect〈人〉「〈人〉がやってくるのを待つ」；expect to...「〈人〉が…するつもりである」；expect that...「…であると思う」
good sales「よい売上げ」
accept our proposal「当社の申し込みを受け入れる」
believe that...「…ということを真実であると思う」
trust that...「…であると望み，そうであると予測する」
have a reservation「予約している」
〈人〉be sure that...「〈人〉が…ということを（主観的判断に基づいて）確信している」
be happy with...「…でうれしい」
quality「品質」
〈人〉be confident that...「〈人〉が…ということに自信がある」
dispatch...「…を発送する」
think that...「…であると考える，思う」
a little too（形容詞/副詞）「少し（形容詞/副詞）過ぎる」
seem to be...; It seems that...「…のように思われる」
come to a conclusion「結論を出す」
consider...「…について考慮する」（「...」は名詞相当語）
cooperation「協力」
confirmation「確認」（「確認する」＝ confirm）
reservation「予約」（「予約する」＝ reserve）
business knowledge and experience

「ビジネスの知識と経験」
be ideal for...「…にぴったりである/に理想的である」
a position「職，職種」
advertise「広告する」（「広告」は an advertisement）
reach〈場所/人〉「時間をかけ/努力の末〈場所/人〉のところに着く」
in good condition「よい状態で」
enjoyable「楽しめる」
meet〈要求/期待〉「〈要求/期待〉を満たす，に応じる」
shipping requirements「出荷に関する要求」
be satisfied with...「…に満足する」
quality services「高級サービス」
Japan's economy「日本の経済」
improve「(悪くなったものが)よくなる」
a customer「顧客，得意先」（弁護士などの依頼客は a client, 招待客・ホテルの客は a guest, 訪問客は a visitor）
video game software packages「ビデオゲームソフト」
Ltd./Inc.「Limited/Incorporated（株式会社組織の）の短縮形」
Corporation「株式会社」

［覚えましょう］
- I am looking forward to hearing from you.
- We look forward to (receiving) your order.
- We believe that this information will be helpful to you.
- We trust that your order will reach you in good condition.
- We are sure that this price is reasonable.
- a. We think that this price is a little too high.
  b. It seems that this price is a little too high.
  c. This price seems to be a little too high.

Unit 3 「喜び」(pleasure)

　喜びを表す「うれしい」に相当する英語の表現はよく使われます。「うれしい」と言って本人の喜びの気持ちを伝えることは，相手に好ましい印象をあたえるからです。

1.「うれしい」(be glad/happy/pleased)

「〈人〉がうれしい」は〈人〉be glad/happy/pleased

(1) I am glad/happy/pleased.（私はうれしい）

「人」が主語で「人がうれしく思う」ということです。以下 pleased で代表させますが，glad/happy に置き換えることもできます。この表現は，to/that がよく後に続きます。

be pleased to.../be pleased that... の to/that は because の意味

(2) a. I am pleased to meet you here.（あなたにここでお目にかかれてうれしい）
　　b. She was very pleased to find a new job.（彼女は新しい仕事を見つけてとてもうれしかった）

pleased に続く to 以下は「うれしい」の原因を言っています。この構文の to の意味は because で，(2a)は「私はうれしい，なぜなら，あなたにここでお目にかかれているから」，(2b)も「仕事を見つけて，彼女は喜んでいる」ということです。また that 節も続きます。

(3) a. I am pleased that you came.（あなたに来ていただいて，とてもうれしい）
　　b. I am pleased that you successfully passed the 2nd grade STEP test.（あなたが英検2級のテストに首尾よく合格されて，私はうれしい）

この(3a)も「私はうれしい，なぜなら，あなたに来ていただいたから」ということで，(3ab)の that も because と考えられます。be pleased の主語と，その後に続く原因を示す表現の意味上の主語とが一致する時は(2)のように be pleased to... の構文となり，一致しない時は，(3)のように be pleased that... の構文になります。「人がうれしい」と思うことは，その人の「喜び」を示す心理状態を表しています。この be glad/happy/pleased の主語は，「経験者(experiencer)」と呼ばれる人，つまり「うれしい」という心理状態を体験する当人です。また，その「うれしい」という心理状態をもたらす「原因」(cause)がよく付け加えられ to.../that... であったり，at; with などの前置詞であったりするのです。

[喜び]
- ◆ I am pleased at/with... (…に満足している)
- ◆ I am pleased to... (…であるからうれしい)
  = It is nice to... (…するのはすばらしい)
- ◆ I am pleased that... (…であることはうれしい)
  = It is nice that... (…であることはすばらしい)

2.「…するのはすばらしい/うれしいことです」

I am pleased to... を It is nice/a pleasure to... でも表現できる

「私は…でうれしい」(I am pleased to...)を「…するのはすばらしい」(It is nice to...)、あるいは「…するのはうれしいことです」(It is a pleasure to...)で置き換えることもできます。

(4) a. I am pleased to meet you here.
   ⇔ It is nice to meet you here. (ここであなたにお目にかかれるのはすばらしい)
   It is a pleasure to meet you here. (ここであなたにお目にかかれるのはうれしいことです)

b. I was very pleased to hear the news of your promotion.
   ⇔ It was very nice to hear the news of your promotion. (ご昇進のニュースを聞いてとてもよかった)
   It was a great pleasure to hear the news of your promotion. (ご昇進のニュースを聞くのはとてもうれしいことでした)

同様に、I/We am/are pleased that... は It is nice that... の構文で言い換えることができます。

(5) I am pleased that you are interested in this project.
   ⇔ It is nice that you are interested in this project. (貴社がこのプロジェクトに興味をもたれるのはすばらしい)

3.「うれしい」から「感謝」へ

「うれしい」は「感謝」に通じる

相手が自分にしてくれた行為にありがたいと感じている時に、「私はうれしい」と言うと感謝表現にもなります。「ありがたい」と感じることは、

「うれしい」と感じることに通じるからです。これは，Unit 4「感謝」でとりあげますが，その例をあげておきます。

(6) a. Thanks a lot for such a gift. How beautiful! I am really glad. (このような贈り物どうもありがとう，とてもすばらしい，ほんとうにうれしいです)

b. I was pleased to see you here, and it was very nice to discuss the matter with you personally. Thank you very much. (ここであなたにお目にかかれうれしかったし，また，あなたとこの問題について親しくお話できてとてもすばらしかったです。ありがとうございました)

4．未来の「喜び」から「申し出」「依頼」へ

〈人〉will/would be pleased to/if... は「申し出」「依頼」に通じる

　以上見てきた「うれしい，すばらしい」では，すでに起こっていること，実現していることに喜びの気持ちを表現している構文でしたが，これが，未来の確定していない仮定の行為にたいし喜びを表現するとなると，「申し出」や「依頼」になるということは容易に理解できます。ふつう「未来/仮定」を示す助動詞の will/would とともに使われます。

(7) a. I will be pleased to help you. (喜んでお手伝いをしましょう)

b. I would be pleased to send you necessary information. (喜んで必要な情報をお送りしましょう)

(7a)(7b)のように，お手伝いをする(help you)，送る(send you...)という動作が will/would be pleased to...の主語の意志に基づいてもたらされるので，ここでは「お手伝いしましょう」「お送りしましょう」という「申し出」の意味になります。これが，相手の行為によって起こる場合があります。

(8) a. I will be pleased to receive some samples. (サンプルをいくつかいただければうれしいです)

b. We would be pleased to have your early attention to this matter. (この件にたいし貴社の早いお手配をいただければうれしいのですが)

「サンプルを受け取る/手配をしてもらう」ことは，それぞれ相手方の「サンプルを送る/手配をする」ことによってもたらされるわけで，間接的

に相手に「サンプルを送る/手配をする」ように依頼していることになります。

これを相手の動作を直接に頼み込むように表現すると，それぞれ，次のように「送ってくだされば/手配してくだされればうれしいのですが」というif節を使った依頼の表現になります。

(9) a. I will be pleased if you will send me some samples.（サンプルをいくつか送ってもらえればうれしい）

  b. We would be pleased if you could give us your early attention to this matter.（この件に早いお手配をしていただければうれしいのですが）

このような「依頼表現」は，Unit 5 でとりあげます。

[**GAP-FILLING EXERCISES** (3)]

(1) _____ am very happy _____ receive your letter of May 18.（5月18日付けのお手紙をいただき私はうれしい）

(2) We are _____ to enclose our brochure and price information.（当社のパンフレットと価格情報を喜んで同封します）

(3) _____ was very nice _____ see you here for dinner.（ディナーの際に当地であなたにお目にかかれたのはとてもすばらしいことでした）

(4) I am glad _____ everything is going well for you here.（当地で万事あなたのためにうまく運んでいるので私はうれしい）

(5) It is very _____ that your products are extremely popular in European countries.（貴社の製品がヨーロッパ諸国でとても評判がいいということはとてもすばらしいことです）

(6) We _____ pleased _____ inform you that the next trade fair will be held here from Monday, October 25 through Tuesday, November 9 this year.（次回の見本市は今年10月25日月曜日から11月9日火曜日まで当地で開催されるということを喜んでお知らせします）

(7) Please let us _____ your fax number, and we _____ be happy to send you our best prices.（貴社のファックス番号をお知らせください，そうすれば，当社の最低値段をお送りします）

(8) I will _____ pleased _____ you can send me some information about accommodation in York.（ヨークでの宿泊についての情報をお送りいただければうれしい）

(9) _____ is a pleasure and an honor, at the same time, for me _____ be invited to the opening ceremony of the Kansai International Airport.（関西

国際空港の開港式にお招きにあずかりうれしく，また同時に光栄に存じます）I am delighted _____ accept your invitation.（喜んでご招待をお受けいたします）
(10) It was indeed a _____ to meet you during my recent visit to your city.（貴市への最近の訪問の間にあなたにお目にかかれ，とてもうれしく存じました）

> **[「うれしい」のいろいろ]**
>
> be glad/happy/pleased は，with/at などの前置詞をとることもできます。
> a. Bob was glad/happy/pleased at the outcome.（ボブはその結果に満足しました）
> b. Tom is glad/happy/pleased with his new secretary.（トムは新しい秘書に満足しています）
>
> 一般的にいって，with〈人〉また，with/at〈もの〉といわれていますが，ニュアンスの違いがあります。at は「点的な場所，時間」を表すことから，点的な出来事を意味することになり，瞬間的な喜びを暗示します。ところが with は「付随」を表し，ある一定の期間中持続するような「持続的な時間」を示し，持続的な喜びを暗示することになります。
>
> 従って，a. では at が使われているので，その結果を聞かされた時点で瞬間的に「その結果に喜んだ/満足した」ということを暗示しています。ところが b. の with の場合は「新しい秘書に持続的に喜んでいる」ことを示していることになります。

[Words & Phrases]
I am glad/happy/pleased.「私はうれしい」
I am glad/happy/pleased to...「私は…でうれしい」(to に続く動詞の意味上の主語が I の場合)
I am glad/happy/pleased that...「私は…であるからうれしい」(that 節の動詞の主語が I でない場合)
meet〈人〉「(初対面で〈人〉に)会う」（ふつう，2回目からは see を使う，このほか meet には「時間・場所を決めて会う，出迎える」などの意味もある）
find a new job「新しい仕事を見つける」
successfully pass...「首尾よく…に合格する」
the 2nd grade STEP test「英検2級のテスト」(STEP は the Society for Testing English Proficiency「日本英語検定協会」のイニシャルをとったもの)
a project「(大きな)計画」
It is nice to...「…するのはすばらし

い/うれしい」
It is nice that... 「…ということはすばらしい/うれしい」
It is a pleasure to... 「…するのはうれしいことです」
discuss the matter with you personally 「その件についてあなたと親しく話し合う」
receive〈もの〉「〈もの〉を受け取る」(名詞形は receipt「受領，領収書」, 反意語は send「送る」)
attention「手配」(「…に手配してもらう」は have attention to...;「…に手配する」は pay/give attention to...)
I will be pleased to have/receive... 「…をいただければうれしい」
I will be pleased if you will/can... 「…をしていただければうれしい」
your letter of May 18 「5月18日付けのお手紙」
a brochure「パンフレット」(a pamphlet のことであるがフランス語からのこの brochure がよく使われている)
everything is going well「万事うまく運んでいる」
popular「評判がよい」
European countries「ヨーロッパ諸国」
inform〈人〉that...「…を〈人〉に通知する」
a trade fair「見本市」
be held「開催される」
from...through/to/till...「…から…まで」
let〈人〉know「〈人〉に知らせる」
fax「ファックス」
the best price「最良の値段，最低値段」(買い手にとって最良という意味)
an honor「名誉，光栄なこと」
be invited to...「…に招かれる」
invitation「招待」
an opening ceremony「開港式，開所式，入学式」
be glad/happy/pleased at/with... 「…に喜ぶ/喜んでいる」

[覚えましょう]
- I am very pleased to see you again.
- It was very nice to see you here for dinner.
- I am very pleased that you are fine.
- It is very nice that your products are popular there.
- We are very pleased with the good sales.

Unit 4 「感謝」（Thank you; Thanks）

　感謝の気持ちを伝えるには，Thank you/Thanks が基本表現ですが，その他にも感謝表現があり，重ねて使うことが必要になることもあります。私たちが「ありがとう」と言う時，相手からある行為をしてもらって，それが自分にプラスであると信じ，ありがたいと感じていることが前提となります。このことから，Thank you/Thanks. のほかに「ありがたいと感じている」(appreciate; be grateful)「うれしいと感じている」(be glad/happy/pleased) などが感謝表現のなかに入ってきます。同時に，感謝表現には，「…にたいし感謝する」という感謝の対象となる行為や事柄をつけて表現することが多く，それぞれの感謝表現に定まった言い方があります。まず，感謝の定番表現である Thank you./Thanks. から見ていくことにします。

1．thank（動詞）/thanks（名詞）を使う

Thank you.; Thanks は，感謝の基本

　「神」への感謝には thank/thanks を使います。ほかの be grateful; appreciate などは「人」への感謝に使い，神に対しては使えないのです。それだけ「神」にしか使えない Thank you.; Thanks は基本的な感謝表現なのです。

　(1) a. Thank you. （ありがとう）
　　　b. Thanks. （ありがとう）

　動詞の thank は，「お礼を言う」の意味で，Thank you. は話し手が聞き手に向け直接的に感謝を表明する言い方です。当然 Thank you. には，主語として 1 人称の I/we が省略されて Thank you. が定型化したのでしょう。従って I/We thank you. は，堅い言い方になります。Thanks. は Thank you. よりも informal な表現で，I/We express my/our thanks... のように「申し上げる(express)」などが省略されていると考えることができます。

強めるには Thank you very much.; Many thanks.

また，感謝の気持ちを念入りに伝えるために，強意語を付けることが多いのです。

(2) a. Thank you very much. (どうもありがとう)
    b. Many thanks. (どうもありがとう)

お礼の対象には for

「何にたいし」お礼を言うには，前置詞の for を使ってお礼の対象をつけます。(3)では「手紙」と「はがき」にたいしお礼を言っています。

(3) a. Thank you very much for your letter of June 4. (6月4日付けのお手紙どうもありがとう)
    b. Many thanks for your postcard. (お葉書どうもありがとう)

for に続いて，動詞表現がくる時には，動名詞になります。

(4) a. Thank you very much for coming. (来ていただいてどうもありがとう)
    b. Many thanks for writing me. (私に手紙を書いてもらってどうもありがとう)

(4)で注意すべきは Thank you/Thanks for... に動名詞が続く時，その行為者は you で(Thank you/Thanks [to you] for... の you がそれぞれ動名詞の意味上の主語となる)，your coming; your writing のように意味上の主語はつけません。念のために，次の例をあげておきます。

(5) a. Thank you very much for calling. (お電話どうもありがとう)
    b. Many thanks for waiting. (どうもお待たせしました)

thanks を使ったやや堅い表現

名詞の thanks を動詞とともに使う formal な表現もあります。

(6) a. I express/offer my sincere thanks for your great support. (すばらしいご後援にたいし心からお礼を申し上げます)
    b. We wish to convey our special thanks to everyone of you for making our stay here so interesting and enjoyable. (私たちの当地での滞在をほんとうに興味深く，また，楽しめるものにしていただいたことにたいしあなた方それぞれに特別のお礼を申し上げたく存じます)
    c. Please accept our deepest thanks for your assistance. (ご援助

にたいし心から感謝します)

express/convey/offer/extend/give (one's thanks for...)などの動詞とともに使われ，その動詞に願望・欲求を示す wish to/would like to... がつくこともあり，thanks には deep/heartfelt/profound/sincere/special/best/deepest などの形容詞が付け加えられたりします。また(6c)の Please accept (one's thanks for...)(…にたいする感謝を受け入れてください)とすることもできます。

［感謝］（ありがとう）
- Thank you very much.
- Thank you very much for...
- (Many) thanks.
- (Many) thanks for...
- I express/Please accept my many thanks for...

2．appreciate を使う

appreciate は「評価する」から「感謝している」

appreciate には，price(動詞で「値段を付ける」の意味)がインプットされ「正しく評価する」が基本的な意味で，そこから〈もの/こと〉に感謝している」という意味が出てきました。

appreciate の直接目的語は感謝の対象

appreciate は直接目的語として，感謝している対象の〈もの/こと〉をとります。

(7) a. I appreciate your advice.（あなたのアドバイスを感謝しています）
　　b. I really appreciate what you have done for me.（私のためにしてくれたことをとても感謝しています）

これを Thank you... の構文と較べてみましょう。

(8) I appreciate your advice. ⇔ Thank you for your advice.

Thank you では，まず　目的語の you にお礼を言って，次に for に続いてお礼の対象を述べています。これにたいし，appreciate はお礼の対象にたいし直接に感謝するパターンです。従って appreciate は，Thank you for... に続く表現をその直接目的語としてとっています。

appreciate に続く動名詞の意味上の主語に注意

 appreciate に動詞が続く時にも注意しなければなりません。appreciate は，名詞相当語句を目的語にとりますから，動詞が続くときは動名詞の形になりますが，その意味上の主語は appreciate の主語(ここでは１人称の I)と一致します。従って，そうでない場合には，動名詞の前に意味上の主語を明記する必要があります。

(9) I appreciate your helping me. (手伝っていただいて感謝しています)

 ⇔ Thank you for helping me.

 Thank you for... と違って，I appreciate... に続く動名詞の意味上の主語は I で，(9)の ...your helping me. のように手伝ってくれた you を示す所有格 your が必要です。

(10) a. I really appreciate your taking time to see me. (わざわざお会いくださりとても感謝しています)

b. We greatly appreciate your sending us the samples. (そのサンプルをお送りくださりとても感謝しています)

けれども，次の(11)では appreciate に続く動名詞 hearing; receiving の意味上の主語は I/we ですから，そのままでよいことになります。

(11) a. I highly appreciate hearing from you. (お便りをいただき感謝しています)

b. We very much appreciate receiving your remittance. (ご送金をいただきとても感謝しています)

また appreciate を強めるには，(10)(11)のように deeply/greatly/highly/really/(very) much のほか，deeply などの副詞を使います。

[感謝]（感謝している）
- ◆ I really appreciate (your advice).
- ◆ I appreciate (hearing from you).
- ◆ I very much appreciate (your helping me).

3. be grateful を使う

be grateful (to you) for... は「…にたいし（あなたに）ありがたく思っている」「ありがたく思っています」と言って，感謝の気持ちを伝える表現が be

grateful です。
- (12) a. I am grateful (to you) for your advice.（アドバイスをありがたく思っています）
  - b. I am grateful (to you) for advising me.（私にアドバイスしていただいたことにたいしありがたく思っています）
  - c. I am grateful (to you) that you advised me.（私にアドバイスしていただきありがたく思っています）

3通りの言い方ができ，また，grateful の次にくる to you は，よく省略されます。この(12b)では，I am grateful (to you) for... に advising という動名詞が続いていますが，この動名詞の意味上の主語は Thank you for... と同様に you であるということを覚えておきましょう。また，(12c)の be grateful that... のように that 節が続くこともあります。もう少し grateful の例をあげておきます。

- (13) a. I am so grateful for your kind gift.（ご親切な贈り物にたいしとてもありがたく思っています）
  - b. I am most grateful to your office people for giving me a tour of your Nagoya factory.（名古屋工場を見学させていただいたことにたいし，貴社のオフィスの方々にとてもありがたく思っています）
  - c. I am very grateful that you kindly extended me a warm invitation to your company Christmas Party.（貴社のクリスマスパーティへ暖かいお招きをしていただきとてもありがたく思っています）

(13b)の giving の意味上の主語は to に続く your office people です。

［感謝］（ありがたく思っている）
- ◆I am grateful (to you).
- ◆I am very grateful for...
- ◆I am most grateful that...

thankful は，使い方が限られる

この thankful は grateful の意味ですが，この語は，次のように「苦痛・心配などが去ったあとの安堵感から感謝している」という意味に限定して使われます。

- (14) a. After a long cold walk I was thankful for a hot drink.（寒

い中を長く歩いた後であったので，暖かい飲みものに感謝をしました）

  b. I was thankful that the meeting did not last long, because I had a train to catch.（そのミーティングが長く続かなかったので感謝をしました，というのも間に合わすべき電車があったからです）

ともに，ほっとした安堵感からの感謝で，この be thankful は神・自然・運命に感謝する時に使われますので，注意しましょう。

4．その他の感謝表現［うれしい，助かりました，ご親切に］

感謝の気持ちを重ねて表現しよう

ありがたいと感じることは，うれしいと感じることになり，「うれしい」と言えば感謝の気持ちを伝えることになり，また「相手がしてくれたことは私にたいへんプラスになりました，助かりました」また「ご親切に」といえば，感謝の表現にもなります。

(15) a. That was a great help.（大変助かりました）
   I am very glad.（とてもうれしいです）
   I really appreciate it.（ほんとうに感謝します）
  b. That was very kind of you.（ご親切にありがとう）
   Many thanks.（どうもありがとう）
  c. I am very pleased that you have been most kind.（大変ご親切にしてくださってとてもうれしいです）
   Thank you very much.（どうもありがとう）

私たちは，英語で感謝の気持ちを表現しようとする時，その気持ちを十分に相手に伝えなければなりません。このため感謝の表現を1つだけではなく，(15)のように必要に応じいくつもの感謝の表現を重ねて使うようにしましょう。［Unit 3「喜び」3参照］

未来の行為への感謝は依頼

感謝は「相手方の過去の行為」にたいし自分のプラスになったために感謝の気持ちを伝えるわけですが，これが過去の行為でなく「未来の確定していない仮定の行為」であれば「依頼」になります。この「依頼」表現は，Unit 5でとりあげます。

[GAP-FILLING EXERCISES (4)]

(1) Thank you very much _____ your letter of April 29, and we are pleased _____ inform you that all the items are in stock.（4月29日付けのお手紙ありがとうございました，それで，全品目とも在庫があるということを喜んでお知らせいたします）

(2) _____ thanks for your fax information.（ファックスの情報どうもありがとう）It was really interesting and useful.（それはとても興味深く，役に立ちました）

(3) Thank you very much for _____ me.（お招きいただいてとてもありがとうございました）I had a great _____.（とてもすばらしい時を過ごしました）

(4) I _____ like to express my sincere thanks _____ you for all your kindness and hospitality extended to me during my stay in your city.（貴市での滞在中に私に差しのべられたご親切とおもてなしにたいし心からの感謝の気持ちを表明したいと思っています）I will never _____ what you did _____ me.（私のためにしていただいたことを決して忘れません）

(5) Many _____ for such a gift.（このような贈り物ありがとう）I _____ really pleased.（私はほんとうにうれしいです）

(6) Thank _____ very much for _____ early attention to this matter.（この件への早いお手配ありがとうございました）I really _____ your special consideration.（私は特別のご配慮をとても感謝しています）

(7) I am very _____ for your kind arrangements for my visit to Kyoto and Nara.（私の京都と奈良への訪問のためのご親切なお手配にたいし，たいへんありがたく思っています）

(8) I greatly appreciate _____ sending me the concert ticket.（コンサートの切符をお送りいただきとても感謝しています）Since music is a global language, I really enjoyed it.（音楽は世界語ですので，私はとても楽しみました）That was very kind _____ you.（ご親切にありがとうございました）

(9) Thank you so _____ for the CD player which you sent me for my birthday; it really was _____ I have wanted for a long time.（私の誕生日のために送っていただいたCDプレーヤーありがとうございました，それは，長い間，ほんとうに欲しいと思っていたものでした）It is a lovely gift, _____ you are very _____ and generous.（すてきな贈り物です，そして，あなたはとてもご親切で気前のよい方です）

(10) I just would _____ to thank you again _____ taking the time yesterday to share your technical knowledge and experience with video game software packages.（昨日はわざわざ時間をかけて，あなたのビデオゲームソフトに関わる技術知識，およびご経験をお話しくださったことにたいし，いま一

度お礼を申し上げたく思っています) Whenever I _____ return the favor, please let _____ know.（そのご厚意にお返しできる時があればいつでもお知らせください）

[**"Thank you."**のいろいろ]

　Thank you. は「他人から恩恵を受けたことに対する感謝のことば」ですが，使われる状況により，いろいろな機能を持ってくるようになります。そのような例をいくつかあげましょう。

(1) 「話の終わり」スピーチの終わり，航空機の機内放送の終わり，店員のサービスの終わりなどに Thank you. と言って締めくくります。これは，話の終わりを知らせています。Thank you. は，このような談話の終結機能をもっています。電話会話の最後に言う「お電話ありがとう」(Thank you for calling)」や，レターの最後に書かれる Thank you. もこれにあたります。

(2) 「健康状態などを尋ねられたときの応答」"How are you?" に対する応答は，"Fine, thank you." であり，Congratulations! Good luck to you! などのあいさつ表現にも "Thank you." で応答することが期待されています。

(3) 「未来の行為を依頼するとき」"Be quiet, please. Thank you."（お静かにお願いします，ありがとう）の「ありがとう」は「ありがとう」を先取りしたようなもので，「よろしく」に相当します。ビジネスレターで相手に具体的に協力や手配を依頼しておいた後で，Thank you for your cooperation/attention.（ご協力/お手配をよろしく）というのも，これに相当します。

(4) 「用件の提示」レターの返信は，例えば Thank you very much for your inquiry/order of (date). でよく始めます。もちろん，相手からの問い合わせ/注文の受領を確認し，お礼を述べているのですが，同時に，このレターは，いただいた問い合わせ/注文の返事です，と相手に自分のレターの用件を提示しています。

　以上のようないろいろな機能が Thank you. にあるのは，動詞の thank が「お礼を言う」という動的な意味をもち，Thank you. と相手に発話すれば，感謝の行為が同時に遂行されるという，他の感謝表現にはない特性をもっているからです。「感謝しています」という話者の心理状態を告げる **appreciate; be grateful** などからは生まれてこない機能を Thank you. はもっているのです。

[**Words & Phrases**]
Thank you (very much) (for...)「(…にたいし)(どうも)ありがとうございます」
Thanks (a lot) (for...)「(…にたいし)(どうも)ありがとう」
Many thanks (for...)「(…にたいし)どうもありがとう」
a postcard「葉書」(a card でもよい)
call〈人/ところ〉「〈人/ところ〉に電話をする」
write (to)〈人〉「〈人〉に便りをする」
express/convey/offer/extend/give my thanks (to you) for...「…にたいし(あなたに)お礼を述べる」
deep(心の奥底からの)/heartfelt(心からの)/profound(深じんな)/sincere(心からの)/special/best/deepest thanks
Please accept one's thanks for...「…にたいする感謝の気持を受け入れてください/感謝いたします」
appreciate...「…に感謝する」(名詞形は appreciation,「評価する」が本来の意味；yen's appreciation は「円高」)
take (the) time to...「…するのに時間をさく」
remittance「送金」
be grateful (to you) for...「…にたいし(あなたに)ありがたく思っている」
advice「アドバイス(名詞)」(動詞は advise)
grateful (to you) that...「…ということで(あなたに)ありがたく思っている」

give me a tour of...「…の見学をさせてくれる」
extend me a warm invitation to...「…へ暖かいお招きをしていただく」
be thankful「(ほっとした安堵感から)感謝する」
last「〈事/もの〉が(ある期間)継続する」
That was a great help.「それはとても助かりました」
That was very kind of you.「それはほんとうにご親切さまでした」
...be in stock「(…は)在庫がある」(「在庫が切れている」は be out of stock)
invite〈人〉「〈人〉を招く」
have a great time「とてもすばらしい時を過ごす」
extend one's kindness and hospitality to〈人〉「〈人〉に親切やもてなしを差しのべる」
during one's stay in〈ところ〉「〈ところ〉での滞在中」
global「世界的な」
lovely「すてきな」(どちらかというと女性が好んで使う語)
generous「気前のいい」
share...「…を分かちあう」(ここでは「技術知識や経験を分かちあう」ということで「…について教えてもらう」こと)
return the favor「ご厚意にお返しをする」
an inquiry「問い合わせ/引き合い」

> [覚えましょう]
> ・Thank you very much for your fax.
> ・Many thanks for your card.
> ・I really appreciate your kindness.
> ・I very much appreciate your helping me.
> ・Thank you very much for advising me.
> ・I am very grateful for inviting me.
> ・I am most grateful for your special consideration.
> ・I express/offer my sincere thanks for your great support.

Unit 5 「依頼」(requests)

　英語社会では子供にP's & Q'sをしっかり教えます。ものを頼む時には，pleaseを必ず付けること，なにかをしてもらった時は，Thank you.を忘れないこと，pleaseのイニシャルのPと，Thank you.の発音からのQをとったものです。とりわけ，ビジネスでは，相手に「依頼する」ことが多いわけで，ここでは，pleaseで代表される「依頼」の多様なパターンを見ることにします。

　先にふれたように，「依頼する」ということは「未来の確定していない仮定の行為」を頼むことで，その頼み方にも丁重性の点からみていろいろあります。ここでは，その頼み方の構文を覚えるようにしましょう。

1. Please...; Will you...?; Can you...? の頼み方

please は依頼のしるし

　動詞の原形で始まる命令文にpleaseを付けると，通例「依頼」の意味をもつ文になります。このpleaseは，"may it please you"(お願いしていることがお気に召すならば)からきており，もともと動詞として使われていたものが，今では副詞として用いられています。Please... は「どうぞ/どうか…してください」に相当する頼み方です。

　(1) a. Please give this matter your immediate attention and send us

your payment by January 20.（この件に早急の手配をしていただき，どうか1月20日までに支払金をお送りください）

b. If you have already attended to this matter, please forget about this letter.（もしすでに本件をご処理済みでしたら，どうか本状はなかったことにしてください）

話し言葉では，この please は，次のように文末におかれることが多くなります。

(2) a. Be seated, please.（どうぞ，おすわりください）

b. Would you pass the sugar, please?（砂糖をとってくれませんか）

c. I'd like to talk to Ms. Tannen, please.（タネン氏に話をしたいのですが）

d. May I have your name, please?（お名前をお聞かせいただけませんか）

この please の依頼で理解しておくことは，(2a)では「すわる」(2b)では「とる」という相手がする動作を頼んでいますが，(2c)は「話をしたい」(2d)は「名前を聞きたい」と話し手がしたいことを頼んでいます。要は，please は，このような双方の意味での依頼に使われる便利な表現で「依頼」のしるしとして，もっとも基本的な「頼み方」なのです。次の頼み方は，please よりもより丁重なアプローチです。

　［please による依頼］（どうか/どうぞ…してください）
　◆ Please...
　◆ ..., please.

Will/Can you...?; Would/Could you...?

この2つは，疑問の形で頼み，相手に「ノー」と断る余地を与えているので please の頼み方よりも丁重なアプローチです。とはいっても Will you...? は相手の意志を尋ねながら頼んでおり，それに対し相手が断ろうとする時，相手がやろうと思えばできることを断ったと見なされます。これに対し，Can you...? は相手の能力をたずねて頼み，たとえ断ったとしても，依頼を断ったのではなく，頼まれた行為をする能力がないという返事をしたと見なされます。従って Can you...? のほうが，Will you...? よりも丁重な頼み方となります。Would you...? Could you...? は仮定法過去の用法で「もしできれば」のニュアンスが付け加えられ，さらに丁重な

頼み方です。この will/can を使う頼み方は，please を付けて Will/Can you please...? Would/Could you please...? のように言うことが多いのです。

 (3) a. Will/Would you (please) send us one sample unit of the above item at our expense?（どうか上記の品目のサンプル1台を当方の費用で当社に送ってくれませんか/くれませんでしょうか）

  b. Can/Could you (please) sign this document and return it to us as soon as possible?（どうかこの書類にサインをして，なるべく早く返送してもらえませんか/もらえませんでしょうか）

[Will/Can you...? の依頼]
♦ Will/Would you...?［意志を尋ねる］
♦ Can/Could you...?［能力を尋ねる］

2．be grateful; be glad/happy/pleased の頼み方

I/We will be grateful if you will/can...

　依頼は「未来の仮定の行為を頼む」ということから，感謝表現の be grateful...(ありがたく思っている)を利用し，頼む相手の行為を if 節を利用し仮定の形にして頼みます。それだけ Please...; Will/Would you...?; Can/Could you...? よりも，さらに丁重な頼み方で，I/We will be grateful if you will/can...(どうか…してもらえれば/していただければありがたいのです)という仮定法の構文になります。また，その時制を過去形にした I/We would be grateful if you would/could... は，より丁重な頼み方です。

 (4) a. We will be grateful if you will arrange a meeting with Mr. Simon for the day after tomorrow.（サイモン氏とのミーティングを明後日に取り決めてもらえればありがたい）

  b. We would be grateful if you could kindly give your continued support and cooperation to my successor, Ms. Yayoi Koizumi.（私の後任の小泉弥生にもどうか引き続きご支援とご協力をいただければありがたいのですが）

以前は，We will be obliged if you will/can... のように，be obliged（かたじけない，有難く存じ上げる）が愛用されましたが，堅苦しすぎる表

現なので，今では be grateful にとってかわられています。また「喜び」を示す be glad/happy/pleased を使うこともできます。

 (5) a. We will be glad/happy if you will inform us of the names and addresses of some camera importers in your city.（貴市のカメラの輸入業者の名前と住所をご通知いただければうれしい）

  b. We would be very pleased if you could send us your general catalogue with quotations.（貴社の見積り付きの総合カタログを送ってもらえればうれしいのですが）

この if 節を使う頼み方で注意することは，We will... の will と if you will/can... の will/can との間で時制をあわせることです。つまり，We will be pleased if you will/can... あるいは We would be grateful if you would/could... のようにします。

また「喜び」のところで見たように，I/We will be pleased to... の構文も依頼に利用できます。ただし，to- 不定詞に続く動詞の意味上の主語が I/We でなければならず，同時に，その動詞は当然のこと相手がする行為を示すものではなく，相手がある行為をしてくれた結果 I/we が恩恵を受けることになる動詞ということになります。(6ab) のような receive/have がその典型的な動詞です。

 (6) a. We will be glad to receive some samples.（サンプルをいくつかいただければうれしいです）

  b. We would be very pleased to have your early attention to this matter.（この件にたいし貴社の早いお手配をいただければたいへんうれしいのですが）

感謝表現の appreciate を使う依頼表現もあります。

> [grateful/pleased を使う依頼]
> ♦ I will be grateful/pleased if you will/can... [仮定法にして would; could にするとより丁重になる。Please; Will you...?; Can you...? よりも丁重な頼み方]

3．appreciate の頼み方

I/We will/would appreciate（名詞相当語句）で依頼

まず，次の (7) の appreciate の用法を較べてみましょう。

 (7) a. I will appreciate your prompt attention.（早速のお手配をいた

だければ幸いです)
   b. We would greatly appreciate receiving/having your assistance during our stay in your city. (貴市に滞在中にご援助をいただければ幸いですが)
   c. We would sincerely appreciate your understanding our position. (当社の立場をご理解くだされればとても幸いですが)

依頼は未来の行為を頼むことなので, I will/would appreciate... のように will/would を使い, appreciate のあとには頼む事柄が続きます。また, appreciateには名詞相当語句が続くことになっているので, (7b)(7c) のように動詞が続く場合は動名詞となりますが, その動名詞の意味上の主語は appreciate の主語と一致します。(7b)の receiving/having の意味上の主語は, appreciate の主語である We ということになりますが, (7c) では, appreciate に続く動名詞の understanding つまり「理解する」のは, 相手の you ですから意味上の主語を示す your が understanding の前に必要です。

この appreciate に続く動名詞句を, (8)のように if 節にすることもできます。その時 if の前に it が現れます。(7c)は, 次の(8a)のように言い換えることもできます。

if 節が続くときは, 仮目的語の it を置く
   (8) a. We will sincerely appreciate it if you will understand our position. (当社の立場をご理解くだされればとても幸いです)
   b. We would greatly appreciate it if you would extend to Mr. Jun Takeda your usual courtesies and assistance when he visits you. (武田順氏が貴社を訪問した折りには, 同氏にたいしいつものようにご高配とご支援をいただければ大変幸いに存じますが)

appreciate は, 目的語として if 節を従えることはできないので仮目的語の it を利用し, if 節をうけることになります。この場合も, 主節の will/would... と if 節の will/would; can/could... の時制を, それぞれ一致させるようにします。

ここでわかることは, Please... から Will/Can you...?; I will be grateful... へと順次, 頼み方が長くなってきています。日本語で丁重に頼む時も長くなることを考えると英語でも頼み方が長くなるほど丁重になること

がわかります。直接的ではなく，間接的にためらいながら頼むとなると，それだけ長くなるのです。次に，これまでにふれていない依頼表現を見ます。

> [...will/would appreciate を使う依頼]
> ◆ I will appreciate（名詞）
> ◆ I will appreciate（動名詞）(動名詞の意味上の主語と主節の主語が一致しない時は，所有格で動名詞の主語を明示する)
> ◆ I will appreciate it if you will/can...

4．その他の依頼表現

I/We ask/request you to...; I/We would like you to...

(9) a. We ask/request you to quote us your best price for this item.（この品目にたいし貴社の最低価格を見積もってくれるように頼みます/お願いします）
b. We would like you to ship our order as soon as possible.（当社の注文品をなるべく早く出荷してほしいのですが）

この(9a)(9b)の頼み方は「あなたに…してくれるよう頼む/してほしい」というアプローチで，それぞれ Please... よりは，少し丁重な程度の頼み方です。

May I/we...?; Can I...?は許可を求める

(10) a. May I see your passport, please?（パスポートを拝見してよろしいですか）
b. Can I make an appointment with Mr. McCain?（マケイン氏にアポをとることができますか）

許可を求めています。「話し言葉」でよく使われます。これまでの頼み方は「相手のこれからの行為」を頼んでいますが，この頼み方は，自分が「見ること」「予約すること」，つまり，話し手の状態・動作が実現することを頼んでいることです。

I will thank you... は強制的な依頼

もうひとつ，will thank you... にふれておきましょう。I will thank

you for your cooperation. と言うと「協力してくれないか」というような強制的な依頼を意味します。これは，さきに述べたように Thank you. が感謝表現としての強い意味をもっているからで，I will thank you... というと，まだしてもらっていない相手の行為にたいし，してもらったものとして感謝の先取りをして相手に言っていることになります。従って，この I will thank you... は使わないほうが無難である，ということになります。

5. 依頼表現の使い分け

　では，依頼表現は，どういう場合にどのような表現を使えばいいのでしょうか。ここで考えなければならないことは，
　①頼もうとする行為を相手がしてくれるに際し，どれくらいの犠牲・費用(cost)が相手方にかかるか，また，その行為をしてもらったことによって，自分にどのくらいの利益(benefit)がもたらされるのか，あるいは，そのことが相手方の利益にもつながるのか，また，
　②自分と相手方との友好(solidarity)関係・力(power)関係はどうか，
ということです。
　依頼した行為をしてもらうのに，相手にかける費用，犠牲が大きく，それからもたらされた利益が自分にたいして大きなものであればあるほど，丁重な依頼表現を使わなければならないことになります。けれども同時に，相手方との関係，つまり，力関係は？，友好関係は？，などといったタテの関係か，ヨコの関係にあるのか，といった要素もあわせて考えなければなりません。とりわけ，ビジネスでは，買い手・売り手の関係が大きく関わってきます。このあたりの具体例をいくつかあげておきましょう。
　まず，please の例をあげましょう。
(11) a. We order as follows:（下記のとおり注文します［この後に注文内容が続く］）
　　　 Please confirm.（確認してください）
　　b. If you would like to take advantage of our services, please contact us at the above address.（当社のサービスをご利用いただけるご意向があるならば，上記の住所の当社にご連絡ください）
(11a)では，買い手が売り手に注文を出し，その注文の引き受けの確認

を求めていますが，売り手が買い手から受けた注文を確認することは，取引で売り手の当然の義務的行為であり，また，注文は売り手の利益につながるので Please... で十分です。また，(11b)ではまず「…ならば」のように，if 節の中で「…のご意向があるならば」と条件をつけ，相手の負担（コスト）を軽減しているので，これも please... で十分ということになります。では，次の依頼を見ましょう。

(12) Could you please let us know how your buyers have been impressed by our February 12 information? (貴社のバイヤーが当社の2月12日付けの情報にどのような印象をうけられたかをお知らせいただけませんでしょうか) Also, we would appreciate your frank comments on our quotations. (また，当社の見積りについて貴社の率直なコメントをいただければ幸いですが)

(12)の前半では，当方の情報にたいする相手先のバイヤーの反応を知らせてくれるよう頼んでいます。これは，相手先に手数をかけ，また，自分の利益にもつながってくるだけに Could you please...? で尋ね，次いで後半では，当方の見積りについてのコメントをくれるようにと，..., we would appreciate... を使って，丁重に依頼しています。

(13) I would be grateful if you could send me information about your English courses during the spring vacation this year and also accommodation with a family. (今年の春休みの間の貴校の英語コースならびにホームステイについての情報をお送りいただければありがたいのですが)

ランゲージスクール宛てにレターを書いて，英語コースとホームステイの情報を求めています。初めての相手先に出す依頼のレターで，be grateful を使っての丁重な依頼となっています。このように，相手先にかける「コスト」と相手先との「関係」をその場その場で考えながら，どのような依頼表現を使うのかを判断することに慣れるようにしましょう。

6．英語では命令；日本語では依頼

この Unit の終わりに「英語では命令構文を使うが日本語ではそうではない」という例をいくつかあげて，日本語と英語の違いを指摘しましょう。

オファー (offer)

オファーは聞き手の利益になる「申し出」です。聞き手にその申し出を実行させる熱意を感じさせるためにも，聞き手に「ノー」と言わせない命令形にします。

(14) a. Help yourself.（ご遠慮なくどうぞ）
　　 b. Save 20 %.（20%節約してください）

教示 (instruction)

相手の求めに応じて適切な情報を与えるので，恩恵を受けるのは相手ですから，教示する人はその情報をそのまま伝えればよいのです。

(15) a. Go straight.（まっすぐ行ってください）
　　 b. Take this train and get off at the 3rd station.（この列車にのって3つ目の駅でおりてください）

許可 (permission-granting)

要請を受けて許可を与えるのも，相手のための発話であるので，これも命令形となります。

(16) a. "Can I see you for a moment?"（ちょっとお会いしてもいいですか）
　　　 "Go ahead. Ask me anything you like."（どうぞ，なんでもお尋ねください）
　　 b. Take your time.　I'm not in a hurry.（ごゆっくりどうぞ，急ぎませんので）

希求 (well-wishing)

希求は，相手の幸せを願っての呼びかけですから，これも命令形になります。

(17) a. Take care of yourself.（おからだお大事に）
　　 b. Keep happy.（ずっとお幸せに）

指示 (indication)

指示は，教示のように相手の求めに応じるものではなく，一方的に相手のためになる情報や注意事項を伝えるもので，これも命令形です。

(18) a. Store in a cool and dry place.（涼しい，乾燥したところに保

存してください)
    b. Take one tablespoonful three times a day after meals.（１日３回食後に大さじ１杯服用してください）

勧誘（invitation）

　次は広告のコピーですが，勧誘にあたっても命令形を使っています。この勧誘(invitation)も，読者が利用すれば読者の恩恵に繋がるとの考えからです。
　(19) a. TRY AND GET CHRYSLER.（今度のクライスラーは，見てるだけでは始まらない）　＊新聞掲載の広告より。
    b. Discover the strength of Bufferin.（バッファリンの効き目を発見してください）

　かなり以前のたばこのコピーにSPEAK LARK（[たばこ屋でたばこを買うときは] ラークと言いなさい），また，トヨタのDRIVE YOUR DREAMS（[トヨタの車にのって] あなたの夢を駆け巡らしなさい[夢が実現しますよ]）も命令形です。ラーク，トヨタのそれはともに，リズム，韻（SPEAKとLARKのK; DRIVEとDREAMSのDR）の点からもとてもよくできたコピーです。

　以上の例から分かるように，発話が相手の利益・恩恵になる，あるいは，そうであると確信しているならば，そのまま言うべきことを命令形で伝えるのが英語文化である，ということがわかります。[Stage V, Unit 3「丁重性」「２．あからさまにFTAをする」参照]

[GAP-FILLING EXERCISES (5)]

(1) If you are interested in any of our items, _____ contact us by phone, fax, or e-mail, and we will be _____ to send you detailed information.（貴社が当社の品目のいずれかにでも興味をもたれましたならば，電話か，ファックスか，あるいは，Ｅメールで連絡してください，そうすれば，くわしい情報を喜んでお送りするでしょう）
(2) For _____ information, _____ e-mail us or visit our web site, http://www.getintern.com/.（一層の情報は当社にＥメールしていただくか，当社のウエブサイト http://www.getintern.com/をご覧ください）
(3) I have something to give you.（差し上げたいものがあります）This is my mobile telephone number.（これが私の携帯電話の番号です）Please give me a _____ soon.（早くお電話ください）I am looking forward to _____ from

you.（ご連絡をお待ちしています）

(4) Mr. Poe, Production Division Manager, is greatly interested _____ your proposed joint manufacturing project and would _____ to meet you to discuss the matter in further detail.（製造本部長のポー氏が貴社のご提案になった共同製造計画にたいへん興味をもっています，それで，あなたにお目にかかり，さらに詳しく話し合いたいと言っております）Could you _____ let us _____ when a meeting would be convenient for you and where you would like it to take place?（ミーティングがいつならばあなたにとってご都合がいいのでしょうか，また，どこでするかをお望みかをお知らせいだだけませんか）

(5) We enclose a questionnaire on our services.（当社のサービスについてのアンケートを同封します）Could you please _____ the questionnaire and _____ it to us within two weeks?（そのアンケートにお答えいただき，2週間以内に当社宛てに返送してもらえませんか）We _____ very much appreciate your cooperation.（ご協力をいただければ幸いです）

(6) We have today sent a total of $8,253.00 to your bank.（本日，貴社の取引銀行に合計8,253.00ドルをお送りしました．We would _____ your dispatching our order as soon as you confirm this remittance.（この送金を確認されるとすぐに，当社の注文品を発送してもらえれば幸いです）

(7) I would appreciate _____ very much if you _____ reserve a single room at the Tokyo Hilton Hotel for five nights from March 30 through April 3.（3月30日から4月3日までの5晩，東京ヒルトンホテルにシングルルームを予約していただければとても幸いですが）

(8) We would appreciate _____ sending us an update of your products and services.（貴社の製品とサービスについての最新情報を送っていただければ幸いですが）

(9) _____ you please send someone to pick me up at the airport?（空港に私を車で迎えにどなたかを来させてくれませんでしょうか）I am _____ forward to meeting you on March 13 at the seminar.（セミナーで3月13日にあなたにお目にかかれることを心待ちにしておりますが）

(10) I _____ like to import some of your Wedgwood products for my personal consumption, and would be _____ if you could send me information on the following points:（貴社のウエッジウッド製品のいくつかを個人輸入したい［私の個人の消費のために輸入をしたい］のですが，それで下記の点についての情報を送っていただければありがたいのですが）

 (1) the possibility of _____ mail orders（個人のメールオーダーの可能性）
 (2) the charge for your _____（貴社のカタログの料金）

(3) payment by _____ card（クレジットカードによる支払い）

> [依頼表現のいろいろ]
> この Unit 5 では，典型的な依頼の型をとりあげましたが，実はどのような文でも，依頼の意味を含んでいれば依頼文になります。例えば，これまで見てきた「欲求」「期待」「希望」の表現でも，次のような文は，相手になにかを頼んでいるので依頼文になっています。
>   a. I would like information about your English courses.（貴校の英語コースについての情報がほしいのですか）
>   b. Would you like to wait for a moment?（少しのあいだ待っていただけませんでしょうか）
>   c. I look forward to hearing from you.（お便りをいただけることを心待ちにしています）
>   d. I hope that you will come.（あなたが来られることを望んでいます）
> a. では，「情報がほしい」と相手に自分の欲求を伝え，b. では，相手に「少しのあいだ待つという欲求があるのか」をたずね，c. では，「便りをもらえるよう」期待を表明し，d. では，「あなたが来るよう」希望を伝えながら，いずれも，相手になにかを頼んでいます。このほかにも，「アドバイス」をしたり，「勧め」たりして，それとなく相手に頼むこともあります。ビジネスでは，相手に頼むことが多いので，依頼のアプローチを心得ておくことが必要です。

[**Words & Phrases**]

Please...「どうか/どうぞ…してください」
Would you (please)...?「してくれませんでしょうか」
Could you (please)...?「してもらえませんでしょうか」
give this matter your immediate attention「本件を貴社が早急に手配される」
attend to〈こと〉「〈こと〉を処理する/手配する」
forget about〈こと〉「〈こと〉を無視する/なかったことにする」

one sample unit「見本1個」（unit はものを数える単位）
the above...「上記の…」
at our expense「当社の費用で」
sign this document「この書類に署名（サイン）する」
return〈もの〉「〈もの〉を返送する」
I will be grateful/pleased if you will/can...「…してくれれば/もらえればありがたい/うれしい」
arrange a meeting with〈人〉for〈日〉「〈人〉と〈日〉にミーティングの取り決めをする」

your continued support and cooperation「引き続くご支援とご協力」
a successor「後任者」
I/We will be pleased if you will...「…をしてもらえればうれしい」
inform〈人〉of...「〈人〉に…について通知する」
a general catalogue「総合カタログ」
a quotation「見積り」
I will be pleased to...「…であればうれしい/喜んで…する」
I would appreciate...「…してくれれば幸いですが」
I would appreciate it if you would/could...「…してくれれば/もらえればありがたいのですが」
extend your usual courtesies and assistance to〈人〉「〈人〉にたいしいつものようにご高配とご支援を差しのべる」（ここでは，to〈人〉が前に置かれている）
as follows:「下記のとおり」（ふつう，次に：「コロン」がくる）
order〈もの〉「〈もの〉を注文する」
take advantage of...「…を利用する」
be impressed by...「…に印象づけられる」
our February 12 information「当社の2月12日付けの情報」(= our information of February 12)
your frank comments on...「…についての貴社の率直なコメント」
accommodation with a family「ホームステイ」（家族のところでの宿泊，accommodationは「宿泊」の意味）
a passport「パスポート，旅券」

make an appointment with〈人〉「〈人〉とのアポをとる」
quote us your best price for〈もの〉「〈もの〉にたいする貴社の最低値段を当社に見積もる」
We ask/request you to...「貴社に…するよう頼む/懇願する」
We would like you to...「貴社に…をしてほしいのですが」
Help yourself.「ご遠慮なくどうぞ」（ものを勧めるとき）
take〈交通機関/くすり〉「〈交通機関〉を利用する/〈くすり〉をのむ」
take your time「ゆっくり/のんびりする」
be in a hurry「急いでいる」
take care of oneself「からだに気をつける」
keep happy「幸せでいる」
store〈もの〉「〈もの〉を保存する/蓄える」
one tablespoonful「大さじ1杯」
strength「効き目，効力」
e-mail「Eメール/Eメールする」
reserve〈部屋〉at〈ホテル〉for〈日数〉「〈日数〉の間，〈ホテル〉に〈部屋〉を予約する」
an update「最新情報」
pick〈人〉up at〈ところ〉「〈ところ〉まで〈人〉を車で迎えに行く」
import〈もの〉for my personal consumption「〈もの〉を個人輸入する」[〈もの〉を個人消費のために輸入する]
mail orders「メールオーダー/郵便による注文」
the charge for...「…の料金」

payment by credit card「クレジット　カードによる支払い」

> [覚えましょう]
> - Please send us your payment by January 20.
> - Would/Could you please sign this document and return it to us?
> - We would be grateful if you would arrange a meeting with Mr. Bush for tomorrow?
> - a. We will appreciate your prompt attention.
>   b. We would appreciate your understanding our position.
>   c. We would appreciate it if you could reserve a single room for three nights from Monday, July 9 through Wednesday, July 11.

Unit 6 「できる・できない」(can; cannot)

　相手先からの「問い合わせ」や「依頼」などにたいし，いつも「イエス」の応答であるとは限りません。「ノー」と言わなければならないことも多いわけで，ここでは，こういった状況での「できる・できない」にかかわる表現を見ることにします。

1．「できる」(can)

よい知らせはそのまま伝える

　相手に「…することができる」と言うことは，おそらく，その通知内容は相手にとって好ましい「グッドニューズ」ということになるでしょう。従って，相手に「…できる」と言う時は，そのまま I/We can... と言えばいいのです。

(1) a. I can visit your office anytime tomorrow.（私は明日いつでもあなたのオフィスを訪問できます）
　　b. We can supply the goods immediately from stock.（当社は在庫からすぐにその商品を供給できます）
　　c. We can allow you a 10 % commission on all sales of our

products.（当社は貴社に製品の全売上げ高に対し10％の手数料を認めます）

けれども，この場合，相手にとってのグッドニューズには「自分もうれしい」という共感の表現をつけることもできます。We are glad to say that.../We are pleased to inform you that... などがそれに当たります。

(2) a. We are glad to say that we can accept your offer on these terms.（これらの条件に基づいて貴社のオファーを受諾することができることを喜んで申し上げます）

　　b. We are pleased to inform you that we can reduce the price to US＄250.00.（当社は250.00米ドルへ値段を下げることができるということを喜んでお知らせします）

このような共感の表現は，通知内容がよい知らせであるので，必ず付けなければならないわけでもありませんが，「できない」という「よくない知らせ」の場合には，共感の表現を必ず付けなければなりません。

2．「できない」(cannot)

よくないニュースには垣根表現

「できない」と相手に伝える時「ノー」の返事は相手の「顔(face)」をつぶすことにもなりかねません。相手先の要望にたいし「よくない知らせ」を伝える場合には，少なくとも「残念ですが」「せっかくですが」のような「相手の立場にたった共感の気持ち」を付け加えることが必要です。「よくない知らせ」をあたかも垣根で囲いこんで，不快さを弱めようとすることから「垣根表現」(hedged expressions)と呼ばれています。

(3) a. I'm afraid (that) I cannot attend.（申し上げにくいけれど，出席できません）

　　b. I'm sorry, (but) Mr. Nitta is in a conference now.（せっかくですが，新田は会議中です）

I'm afraid (that)...; I'm sorry, (but)... ［( )の中の that; but はふつう省略される］が垣根表現(hedged expressions)で，次も同様です。

　　I am sorry (to tell/inform you) that... （残念ながら…ということをお知らせします）

　　We regret (to tell/inform you) that... （残念ながら…ということをお知らせします）

We have to tell/inform you that...（…ということをお伝えしなけれ
　　　ばなりません）
　　　Unfortunately,...（あいにく，残念ながら）
具体例をもう少しあげておきます。
　(4) a. I am sorry that because I will be in Australia in January, I
　　　　cannot accept your invitation.（1月にオーストラリアにまい
　　　　りますので，せっかくですが，ご招待をお受けすることはできま
　　　　せん）
　　　b. We have to inform you that the conference scheduled for May
　　　　8 has been canceled.（5月8日に予定されていた会議は取りや
　　　　めになったということをお知らせしなければなりません）
　　　c. Unfortunately, we cannot possibly comply with your request.
　　　　（残念ながらご依頼にそうことはとうていできません）

3．未来の「できる」（**will be able to...**）

will ＋ can... → will be able to...

　未来の能力を表すには，will be able to... です。助動詞である will と can を続けることはできません。否定形は will not be able to.../will be unable to... です。
　(5) a. We will be able to ship your order in October.（10月にご注文
　　　　品を出荷できます）
　　　b. We are very sorry to trouble you, but we hope you will be
　　　　able to fill out this questionnaire.（ご迷惑をかけて申しわけあ
　　　　りませんが，このアンケートに記入していただきますようお願い
　　　　します）
　　　c. We are afraid that we will not be able/be unable to interest
　　　　our customers in your products since these do not seem to be
　　　　suitable for our market.（貴社の製品は当方の市場にあわない
　　　　ように思われますので，申し上げにくいのですが，当社顧客に貴
　　　　社製品に対する興味をもたせることはできないでしょう）
　ただ，未来に言及する場合でも，発話時にその出来事が決まっている時には，can で間に合わすこともできます。次の(6)では「10月に出荷できること/支払いを受領すれば商品の発送ができること」は，すでに決まっ

ているのです。
- (6) a. We can ship your order in October. （10月にご注文品を出荷できます）
  b. We can dispatch the goods as soon as we receive payment. （支払金を受け取ったらすぐに商品を発送できます）

4．「不可能である」（impossible）

It is impossible for me/us to...：…することは私/私たちにとって不可能です

　I/We cannot... は，表現を変えて It is impossible (for me/us) to...（…することは私/私たちにとって不可能です）と言うこともできます。「できない」当事者の I/We を主語として I/We cannot... と言うか，あるいは，「できない」内容を主語としてとりあげ「そのことは私に/私たちにとって不可能である」とするかの違いです。

- (7) a. We are sorry that it is impossible for us to give you a definite answer now. （せっかくですが，今，貴社にはっきりした答えをすることは，私たちにとって不可能です）
  b. Unfortunately, it will be impossible for us to ship them by June 30. （残念ながら6月30日までにそれらを出荷するのは当社にとって不可能でしょう）

「できる」というときに It is possible for me/us to... を使うこともできますが，「できる」には，このようなもって回った言い方よりもそのまま I/We can... と言うほうがいいわけです。実は「できる」にも，他に，もって回った言い方があります。be in a position to... 「…する立場にある」と言って，「できる」という意味をもたせています。今では，あまり使わなくなりましたが，否定の例を1つあげておきましょう。

- (8) We much regret that we are not in a position to make use of your offer of October 23 this time. （10月23日の貴社のオファーを残念ながら今回は利用できかねます）

いずれにしても，「できない」と告げなければならないときは，少なくとも，相手への配慮の表れである垣根表現を添えることを忘れてはなりません。

[GAP-FILLING EXERCISES (6)]

(1) I am _____, but Mr. Kakubayashi is out to lunch now.（せっかくですが，角林は昼食に外出しています）

(2) We _____ to inform you that our prices will be increased next month.（当社の価格は来月上げられるということをお知らせしなければなりません）

(3) We will _____ able _____ increase our order to 700 units if you can reduce the price to US $ 150.00 per unit.（もし貴社が 1 台につき値段を150.00米ドルへ下げてくれるなら，当社の注文を700台に増やすことができるでしょう）

(4) We _____ that we received only 200 units instead _____ 250 units.（残念ながら，当社は250台ではなく200台のみを受け取りました）

(5) We _____ to inform you that we _____ possibly make shipment during June since our factory is fully occupied with orders.（当社の工場は注文でいっぱいですので，残念ながら 6 月中に出荷することはとうていできないということをお知らせしなければなりません）

(6) The yen _____ to be a little _____ strong at present; to our _____, we have to suspend our export business project with you for a little while.（円は現在少し高いように思われます。残念ながら，貴社との輸出ビジネス計画を少しの間一時停止しなければなりません）

(7) Unfortunately, it will be almost _____ for us _____ find a market here for this product.（あいにく，当地でこの製品の市場を見つけることは当社にとってほとんど不可能でしょう）

(8) We are _____ to tell you that your account for US $ 825.00 is now about two months overdue.（残念ながら，貴社の825.00米ドルの勘定が約 2 か月支払い期限をすぎていることをお知らせします）

(9) _____, we are not _____ to reach an agreement with you this time, but let's look forward to another oppportunity in the near future.（あいにく，今回は貴社と同意にいたることができませんが，近い将来次のチャンスに期待することにしましょう）

(10) We are _____ to inform you that your order is ready for shipment.（ご注文品は出荷の用意ができていることを喜んでお知らせします）

[**can/could** のいろいろ]

can は，(1a)の「能力」(ability)のほかに，次のようにも用いられます。
(1) a. Kayo can speak Spanish.（加代はスペイン語を話すことができます）［能力］
    b. You can smoke here.（ここで煙草をすっていいです）［許可］

c. Can I help you?（ご用件をお聞きしましょうか）［申し出］
　　　d. Could you please send me a sample?（サンプルを私に送っていただけませんか）［依頼］
　　　e. We could shade our prices a little.（価格を少しなら下げることができるでしょう）［仮定法・能力］
　この中で，(1e)の仮定法過去の用法をよく理解しておきましょう。
　(2) a. Mr. Morita could speak seven languages.（森田氏は7か国語を話すことができました）
　　　b. We could obtain the goods.（その商品を手に入れようとすれば入手することができます）

　(2a)のように，ある期間にわたり7か国語を話すことができたという能力が備わっていたという場合には，can の過去形の could は，そのまま「…できました」という直説法過去の意味になりますが，(2b)のように「必要品を入手することができた」という具体的なケースで could を用いると，仮定法過去の「…しようとすればできる」の意味になります。従って「…を入手することができた」と言うときには，次のように表現します。
　(3) a. We obtained the goods.（その商品を入手しました）
　　　b. We succeeded in obtaining the goods.（その商品を首尾よく入手しました）
　　　c. We managed to obtain the goods.（その商品をなんとかして入手しました）
　けれども，could not は，過去の能力のないことをも示し，「…することができなかった」をも意味します。could の使い方に注意しましょう。
　(4) We could not obtain the goods.（その商品を入手することができなかった）

[**Words & Phrases**]
allow a 10 % commission on...「…に10％の手数料をあたえる」
sales「売上げ高」
reduce the price to...「その値段を…に下げる」
be in a conference「会議中である」
I am afraid (that)...「申し上げにくいけれど，…」
I am sorry, but...「せっかくですが，…」
We are sorry (to inform you) that...「残念ながら…ということをお知らせします」
We regret (to inform you) that...「残念ながら…ということをお知らせします」
We have to inform you that...「…ということをお知らせしなければなり

ません」
Unfortunately,...「あいにく，残念ながら」
〈こと〉be scheduled for 〈日時〉「〈こと〉が〈日時〉に予定されている」
cancel...「…を取り消す」
cannot possibly...「とても/どうしても…できない」(possibly は cannot を強めており「とてもできない」という立場を相手に知らせるのに用いられる)
comply with your request「ご依頼にそう」
will be able/unable to...「…できる/できないでしょう」
fill out a questionnaire「アンケートに記入する」
interest 〈人〉in...「〈人〉…への興味をもたせる」
dispatch 〈もの〉「〈もの〉を発送する」
It is impossible (for me/us) to...「…をすることは（私/私たちにとって）不可能である」
give a definite answer「確答をする」
〈人〉be in a position to...「〈人〉が…する立場にある/…できる」
make use of...「…を利用する」
raise/reduce one's price「値段を上げる/下げる」
per unit「一台あたり」(unit は，ここでは「台」を示す)
instead of...「…の代わりに，…でなくて」
be fully occupied with...「…で一杯である」
overdue「支払いの期限がすぎた」
reach an agreement「同意に達する」
be ready for...「…の用意ができている」
shade one's price「値段を下げる」
obtain...「…を手に入れる」
succeed in...「…することに成功する」
manage to...「なんとか…できる」

───［覚えましょう］───
- I'm sorry, but Mr. Nitta is in a conference now.
- We are sorry (to inform you) that we cannot supply the goods at your price.
- We regret (to inform you) that we cannot comply with your request.
- We have to inform you that we cannot possibly give you a definite answer now.
- Unfortunately, it is impossible for us to ship your order in October.

Unit 7 「あいさつ」(greetings)

「あいさつ」は，人間関係に欠くことのできないものです。私たちのコミュニケーションの基本的な言語行動で，「あいさつ」を交わすことによって，人間関係を維持し，さらに発展させていくことになるのです。このような「あいさつ」が，ビジネスでも大きな役割を果たします。ここでは，ビジネスに必要な「あいさつ」の「決まり文句」である「希求表現」「お祝いのことば」「お悔みのことば」，それにレターの始めと終わりの「あいさつ表現」を見ることにします。

1. 希求表現(well-wishing)

希求表現は，相手の幸せを願う表現：I wish you...

「ご幸運を祈る」「ご成功を祈る」「お幸せに」などのように，相手の幸運や成功を願う表現を希求表現といいます。まず，実例を見ましょう。

(1) a. I wish you every happiness. (可能なかぎりのお幸せを祈っています)
 b. I wish you a safe journey. (ご旅行の安全を祈っています)
 c. I wish you a long and happy retirement. (あなたの末長く幸福な退職後の生活を祈っています)

この I wish you... は「私があなたに（幸運・幸せなどを)祈る/希求する」という表現で，簡単に言えば Have every happiness/a safe journey/a long and happy retirement. ということですが，このような「相手の幸せを祈り願うこと」を well-wishing と言い，その表現が希求表現(well-wishing expressions)です。(1a)の every happiness の every は「可能なかぎりの」の意味で，相手の可能な限りの幸せを祈っています。

Merry Christmas! は「クリスマスおめでとう」？

Merry Christmas!; Happy New Year!; Good luck! も希求表現です。この3つは，もともと次の表現から独立したものです。

(2) a. I wish you a merry Christmas. (楽しいクリスマスを迎えられるよう祈ります；クリスマスおめでとう)

b. I wish you a happy New Year.（お幸せな新年を迎えられるよう祈ります；新年おめでとう）

　　　c. I wish you good luck.（ご幸運を祈っています）

　(2a)と(2b)は，日本語訳からわかるように，クリスマス/新年を迎えて「クリスマス/新年おめでとう」の意味で使えるだけでなく，迎える以前にも「よいクリスマス/新年をお迎えください」の意味で使えます。けれども，日本語の「クリスマス/新年おめでとう」はクリスマス/新年を迎えて初めて使える表現です。つまり，Happy New Year! は，日本語でいう「よいお年をお迎えください」と「新年おめでとう（よい新年をお過しください）」の2つの意味をあわせてもっているわけです。ここが英語と日本語の表現の違いです。(2c)の Good luck! は「ご幸運を祈る/頑張って」などにあたる希求表現です。最上級を使って I wish you the best of luck. とも言います。Good morning./Good afternoon./Good night. なども実は同様です。

　(3)　a. I wish you a good morning.（よい朝を過ごされるよう祈っています）

　　　b. I wish you a good afternoon.（よい午後を過ごされるよう祈っています）

　英語の Good morning./Good afternoon. は，それぞれ「よい朝/午後を過ごされるよう祈っています」という希求表現です。日本語の「おはよう/今日は」に相当するものですが，そのもとの意味は全く異なるものです。「お早う」は「朝早いですね」を意味するといわれ，また「今日は」は「今日はお役目ご苦労さまです，いい天気です」などのように「今日は」の次が省略されたものとされ，日本語は明らかに希求表現ではありません。このようなあいさつにも，日本語社会と英語社会のあいだの文化の違いを感じさせられます。

もう1つの希求表現：Best wishes for…

　希求表現として，Best wishes for… も覚えましょう。

　(4)　a. Best wishes for a happy New Year.（幸せな新年を迎えられますように；新年おめでとう）

　　　b. Best wishes for the holiday season.（よいホリデーシーズンを迎えられますように；新年おめでとう）

　この best wishes は「相手の幸せへの切なる願い/その願いの言葉」の

意味で, I send you my best wishes for... のように「その願いの言葉を相手に伝える」ということです。I wish you... と同じ意味になります。(4b)の Best wishes for the holiday season. は Merry Christmas! に代わってキリスト教の信者以外の人に対しても希求表現として用いられます。希求表現の例をもう少しあげておきましょう。

(5) a. Best wishes for a speedy recovery. (早く回復されますように)
　　b. Please accept our best wishes for your happiness and prosperity. (ご多幸とご成功をお祈りします)

この best wishes は, レターの終わりの部分で最後のあいさつとしても用いられます。

(6) a. With my/our best wishes, (お幸せに)
　　b. My/Our best wishes, (同上)
　　c. Best wishes, (同上)

「お幸せに」と相手の幸せを祈りながらレターを終えるわけです。パーソナルレターによく用いられますが, ビジネスレターでも相手先の担当者と親しくなると使います。(6a)から(6b)(6c)へと, 始めの部分を省略して略式になっていきます。

2. お祝いの言葉 ―「おめでとう」(congratulations)

お祝いの言葉は Congratulations

(7)は, 代表的な「お祝いの言葉」です。

(7) Congratulations! (おめでとう)

また, 具体的に相手の喜びごとを, on の次に付け加えることもできます。

(8) a. Congratulations on your graduation! (ご卒業おめでとう)
　　b. Congratulations on your promotion! (ご昇進おめでとう)

相手に「卒業」「昇進」のような喜びごとがそれぞれ実現したので, それにたいし「おめでとう」と言っています。また, best wishes と同様に, I convey/express/extend/offer/send my congratulations... としたり, また Please accept our congratulations... のようにすることもできます。

(9) a. I would like to express my hearty congratulations on your 20th wedding anniversary. (あなたがたのご結婚20周年にたいし心からのお祝いを申し上げたく存じます)

b. I extend my sincere congratulations on your recovery from illness.（ご病気からのご回復にたいし心からのお祝いを申し上げます）

その他のお祝い表現
　会話では，お祝いの気持ちを次のように言って相手に伝えることができます。
　(10) a. That's great/wonderful!（それはすばらしい）
　　　 b. Well done!（よくやったね）
　また，「相手の喜びごとを自分が聞いてうれしい」と表現することもできます。
　(11) a. I am very pleased to know that your son has passed the entrance examination to Heisei University.（ご令息が平成大学への入試に合格されたと知りたいへんうれしいです）
　　　 b. We are delighted to learn that you have been appointed as Manager of Legal Affairs Division.（あなたが法務本部の本部長に任命されたことを伺いたいへんうれしく存じます）
　次に，相手に「よくない出来事」や「悲しみごと」があった場合の「お悔み・共感の言葉」を見ることにしましょう。

3．お悔みの言葉（sympathy; condolences）

お悔みには sympathy; condolences
　sympathy は「思いやりや共感の気持・言葉」を示す語で，日本語の「同情」のような相手を見下す意味はありません。condolences は「お悔みの気持・言葉」という意味です。
　(12) a. You have my sympathy.（心中お察しいたします〔「あなたは私の思いやりの気持を持っています」の意味〕）
　　　 b. Please accept my deepest condolences.（心からお悔み申し上げます）
　　　 c. We would like to extend/express our deepest sympathy to you for the untimely passing away of your president.（貴社社長の早すぎるご逝去にたいし心からお悔み申し上げます）
　会話では，次のようにも表現できます。

(13) a. I'm sorry to hear that.（それをお聞きしお気の毒に思います）
　　 b. We're very sorry to hear of your great grief.（大きな悲しみを知りたいへんお気の毒に思います）
　　 c. That's too bad.（それは残念です）

お見舞は「気の毒に思う＋回復を祈る」

　お見舞には，まず，「病気であると知ったことへの共感の気持ち」と「回復を祈る」の願望表現を伝えるようにしましょう。

(14) a. I am shocked to know that you are sick in bed. I hope you take care of yourself.（ご病気で寝ておられることを知り驚いています。ご自愛を祈ります）
　　 b. We are sorry to learn that you are in hospital. Please accept our best wishes for an early recovery.（ご入院とうかがいたいへんお気の毒に存じます。早いご回復を願っております）

　次は，1995年の阪神大震災の当日，災害数時間後に外国の取引先から届いたお見舞のファックスです。このような心づかいがビジネスでの大切な要素になるのです。

> Please accept our deepest sympathy following the tragic earthquake that has shaken your country. We have just heard of this catastrophe and feel very sad about the news. We hope that you are all right and that this earthquake has not affected any of your family or friends. We hope very much to receive news from you.

　［大意］「貴国を揺れ動かした痛ましい地震に心からお悔み申し上げます。この大災害についていま耳にし，このニュースにたいへん悲しく思っています。あなたがたがご無事で，また，この地震がご家族やお友達のどなたにも被害を及ぼしていないことを望んでいます。そちらのニュースをぜひお聞かせください」

［参考］「地震」をまず，the tragic earthquake（痛ましい地震）と言い，次いで，this catastrophe（この大災害）とし，さらに，the news と表現し，4行目で this earthquake としています。このように，英語では同じ表現を繰り返すときに，代名詞を使ったり，また，同じ語を繰り返すだけではなく，変化をもたせて同じ意味をもつ別の語を使う工夫が求められま

す。この「繰り返し」については STAGE V で扱います。
　この STAGE I の最後に Reading Exercises として，上記のような通信文をいくつかあげてあります。具体的なメッセージの中で，ここで学んだ「役にたつフレーズ」がどのように使われているかを理解するようにしましょう。

[**GAP-FILLING EXERCISES** (7)]
(1) a. I _____ you a wonderful holiday season. (すばらしいホリデーシーズンを迎えられ/過ごされるよう祈っています)
　　b. Season's greetings and best _____ for a happy New Year. (季節のごあいさつを申し上げます，お幸せな新年を迎えられ/過ごされますように)
(2) Happy birthday! (お誕生日おめでとう) Many _____ returns of the day. (この日が幾度も幸せに繰り返されますように)
(3) I am very glad to _____ that you got a promotion. (昇進されたと聞き，たいへんうれしいです) Congratulations! (おめでとう) I wish _____ continued success. (引き続くご成功を祈っています)
(4) I would like to express my hearty congratulations _____ your new position with Japatech Corporation. (ジャパテック株式会社での新しいお勤め口を心からお祝い申し上げます) Please accept _____ best wishes for good _____ and success in the future. (これからのご幸運とご成功をお祈りしています)
(5) I am very _____ to learn that you have been appointed one of the Directors. (取締役の1人に任命されたことを承りとてもうれしいです) Let _____ express my sincere _____ on your well-deserved promotion. (あなたの当然受けるに値するご昇進に心からの祝意を表します) Good luck to _____ in your career! (前途のご発展を祈ります)
(6) I hope that you will _____ my deepest condolences. (心よりお悔み申し上げます) If I can assist you in any way, plesse let _____ know. (もしなにかお手伝いできれば，お知らせください)
(7) I am very _____ to know that your mother passed away. (お母さまが亡くなられたと伺い，ほんとうにお気の毒です) You _____ my deepest sympathy. (心からご心中お察し申し上げます)
(8) Please _____ our deepest condolences on the death of Mr. Ford. (フォード氏のご逝去を悼み心からお悔み申し上げます) We would like _____ to know that our thoughts are with you at this time. (いま私たちの思いはあなたと共にあることを知っていただきたく存じます)
(9) I am delighted _____ hear that you left the hospital last week. (先週ご

退院されたと聞きとてもうれしいです) _____ on your early recovery!（早いご全快おめでとう) Take _____ of yourself and take _____ easy.（お身体に気をつけて，気楽にやってください）

(10) I _____ extremely sorry _____ learn that you are leaving the company after twenty-three years' service.（23年のご勤務の後，会社を辞められると伺い残念に存じます）This is _____ news, but it _____ to be a sign of the difficult times at the present.（これは悲しいニュースですが，現在の困難な時代のしるしのようにも思えます）Please accept my profound _____ to you for the excellent work you have done.（あなたがしてこられたすばらしいお仕事にたいし心から感謝します）If _____ is anything that I can do to help you, don't hesitate _____ contact me.（もし私になにかできることがあれば，ご遠慮なくご連絡ください）I _____ you continued good _____ , _____ and _____ .（ますますのご健康，ご多幸，ご発展をお祈りします）

〜〜〜［**I am sorry.**のいろいろ］〜〜〜

ここでのI am sorry. は，(1)のように「気の毒に思う」の意味でした。

(1) a. I am sorry to hear that.（それを聞いて私はお気の毒に思います）
b. I am sorry that you are sick in bed.（ご病気で寝ておられるようでお気の毒に思います）
c. We are very sorry about your child.（お子さんのことを非常にお気の毒に思います）

けれどもI am sorry. には，次の(2)(3)のような意味もあります。

(2) a. I am sorry (that) I cannot attend.（残念ですが，出席できません）
b. I am sorry, (but) Mr. Ford is out of the office now.（残念ですが，フォード氏は外出しています）
c. I am sorry to inform you that the goods are currently out of stock.（残念ですが，その商品は現在のところ在庫にないということをお知らせします）

このI am sorry. は，断ったり，不都合なことを伝える場合に使い，相手にたいし「悪いと思う」という気持ちを付け加えます。I regret that...（…ということを遺憾に思います）；I regret to inform you that...（遺憾ながら…ということをお知らせしなければなりません）のくだけた表現にあたります。このI am sorry... は，「残念，遺憾」の表明で，謝罪してはいないのです。

もう1つは，次の「すまなく思っている」の用法で，これが謝罪に当たります。

(3) a. I am sorry to be late. ⇔ I am sorry (that) I am late.（遅れてす

みません)
= I apologize for being late. (遅れたことをおわび申し上げます)
b. We are sorry about this inconvenience. (この不便をかけたことにたいし申し訳ないと思っています)
= We apologize for this inconvenience. (この不便をかけたことをおわび申し上げます)
c. I am sincerely sorry for the event that led to the tragic collision at sea. (あの悲劇的な海上での衝突となった出来事にたいし心からお詫びを申しあげます) I grieve for the families who lost loved ones. (愛する人たちを亡くした家族の方々にたいし深く悲しんでいます)[ハワイ沖でのえひめ丸事故に対する米原潜のワドル元艦長の言葉]

もともと，I am sorry は，期待に反した状況になったがために自分が心に痛みを覚えるの意味で，文脈によって(1)「気の毒に思う」(2)「残念ですが」(3)「すまなく思う」の意味をもってきます。注意すべきは(3)の I apologize. (私は謝罪します)の用法で，責任の所在を問われる重大な場面では自分の過失や誤りを認めることになります。アメリカと中国との政治問題で "American Regret but No Apology"(アメリカは遺憾に思っているが，謝罪はしていない)と言われましたが「遺憾に思う」と「謝罪する」の相反する意味をもつ I am sorry. に注意しましょう。apologies/apologize の例文です。

(4) a. Please accept my sincere apologies for not replying sooner to your letter. (もっと早くお手紙に返事をせず，まことに申し訳ありません)
b. We must apologize for such a delay in shipment, and will do the best possible to deserve your order in the future. (このような出荷の遅れにたいしお詫び申し上げます，それでこれからはご注文に値するように最善をつくします)

[**Words & Phrases**]
I wish you...「私はあなたに…(幸せ・成功など)を祈る」
every success/happiness「可能なかぎりの成功/幸せ」(この every は，「可能なかぎりの」の意味)
retirement「退職，退職後の生活」
well-wishing「相手の幸せを祈ること」
best wishes「相手の幸せへの切なる願い，その願いの言葉」(Best wishes, 「お幸せに，ご多幸を祈って」としてレターの終わりのあいさ

つとしても用いられる）

I send you/Please accept my best wishes for...「…にたいしお祈り申し上げます」

congratulations「おめでとう，というお祝いの言葉」（努力して成功した人に贈る言葉。新年，クリスマスには用いない。「…にたいしおめでとう」と言うには，Congratulations on... とする）

I (would like to) express/extend my hearty/sincere congratulations on...「…にたいしお祝い申し上げます/申し上げたく存じます」

graduation from〈学校〉「〈学校〉からの卒業」

your 20th wedding anniversary「あなた方の結婚20周年記念日」

one's recovery from〈病気〉「〈病気〉からの回復」

well-done「立派になされた」（相手の成功を祝って言う言葉）

pass the entrance examination to〈学校〉「〈学校〉への入試に合格する」

be appointed as〈役職名〉「〈役職名〉に任命される」

Legal Affairs Division「法務本部」

sympathy「思いやり/共感の気持ち」

condolences「お悔みの気持ち・言葉」

untimely「早すぎる」（ほかに「時機を失した」の意味もある）

pass away「死ぬ」（die の遠回しの表現）

You have/Please accept/I would like to extend my sympathy for...「…にたいし心中お察しいたします」

one's condolences on...「…に対するお悔みの言葉」

great grief「大きな深い悲しみ」

be sick in bed「病気で寝ている」

take care of oneself「身体を大切にする」

be in hospital「入院している」

tragic earthquake「痛ましい地震」

shake...「…を揺れ動かす」

catastrophe「大災害」

feel very sad for...「…にたいし悲しく思う」

affect...「…に被害を及ぼす」

Season's greetings「季節のあいさつ」（宗教的色彩を避けるときに，クリスマスカードに用いられる表現）

Happy Birthday!「幸せなお誕生日をお迎えください/お誕生日おめでとう」I wish you a happy birthday. から独立したもの。

Many happy returns of the day.「この日が幾度もめぐってきますように」（誕生日，結婚記念日などのお祝いの言葉）I wish you many happy returns of the day. から独立したもの。

continued success「引き続く成功」

be delighted「（人）がうれしい」（pleased よりも，よろこびの度合いが大きい）

well-deserved「当然受けるに値する」

career「経歴，生涯」

leave a hospital「退院する」

take it easy「気楽にやる，ゆっくりやる」

the difficult times「難しい時代」

inconvenience「不便」（convenience

の反意語)
I am sorry. 「気の毒に思う；残念ですが；すまなく思う」
I regret... 「…を残念に思います」
I apologize for... 「…にたいし謝罪します」

[覚えましょう]
- I wish you a happy New Year.
    ⇔ Best wishes for a happy New Year.
- Congratulations on your success.
- Please accept/You have my best wishes for.../my congratulations on...
  I would like to express my best wishes for.../my congratulations on...
- You have my sympathy. ⇔ I am sorry.
- I regret that I cannot attend. ⇔ I am sorry that I cannot attend.
- I apologize for being late.
    ⇔ I am sorry to be late./I am sorry that I am late.

[**READING EXERCISES**]
(1) 加藤教授の推薦で，今年の夏休みを利用し語学研修に行こうと，英国のオックスフォードにある語学学校の Ms Landers 宛てに書いた問い合わせのレターです。

Dear Ms Landers,

　By recommendation of Professor Kato of Heian Jyogakuin University, I am writing this letter since I would like some information about your summer English courses this year.

　I would be grateful if you could send me a brochure and information about accommodation in Oxford. I would like to stay with a family.

　I look forward to hearing from you.

　　　　　　　　　　　　　Yours sincerely,

　　　　　　　　　　　　　Kaori Goto

[大意]「謹啓」（親愛なるランダーズ様）「平安女学院大学の加藤教授のご推薦

により貴校の今年の夏の英語コースについての情報がほしいのでこの手紙を書いています」「パンフレットとオックスフォードでの宿泊についての情報をお送りくだされば ありがたいです。ホームステイをしたいのですが」「お便りをいただけることを心待ちにしています」「敬具」

- ◆ by recommendation of...「…の推薦により」
- ◆ stay with a family「ホームステイをする」

(2) (1)の問い合わせのレターにたいする学校からの返事です。

Dear Miss Goto,

We were very pleased to receive your letter of 3 May, and delighted that Professor Kato has recommended our School to you.

I have pleasure in sending you our brochure, which tells you all about the courses we offer here in Oxford. I hope that there will be something to interest you, and we look forward to welcoming you to the School in the summer.

If you have any further questions, please do not hesitate to contact us again.

With best wishes,

Yours sincerely,

A H Landers

[大意]「謹啓」（親愛なる後藤様）「5月3日付けのお手紙を受取りたいへんうれしかったですし、また、加藤教授があなたに当校を推薦されたこと、とてもうれしく思いました」「当校のパンフレットを喜んで同封します。このパンフレットは、当校がここオックスフォードで提供しているコースについてのすべての情報をお知らせしております。あなたの興味がわくなにかがあることを希望し、また、夏に当校にあなたをお迎えすることを心待ちにしております」「ほかになにかご質問があれば、ご遠慮なくご連絡ください」「お幸せに」「敬具」

- ◆ ...and delighted... =...and (we were) delighted...
- ◆ have pleasure in -ing...「よろこんで…する」(be pleased to... の堅苦しい表現)
- ◆ offer「提供する」
- ◆ do not hesitate to...「遠慮なく…する」

(3) オーストラリアの語学学校のホームページを見た尾崎まきさんは，就業体験のコース (work experience courses) に興味を持ち，E メールで問い合わせました。期待に添えないとの返信で，I regret to inform you that... が使われているのを確認しました。

Dear Maki

Thank you for your email.

I regret to inform you that at present the "work experience" courses have been cancelled owing to changes in insurance legislation in Australia. We will be running those courses again probably at the beginning of 2004, but for the year 2003 no "work experience" courses will be available.

Thank you very much for your interest in our programs.

Best regards

Kellie Beckham
Enrolments Co-ordinator
International Students

［大意］「まきさん」(親愛なるまきさん)「E メールありがとう」「残念ながら，現在のところ "就業体験コース" は，オーストラリアでの保険に関わる法律の変更のためキャンセルされたということをお伝えしなければなりません。当校は，おそらく2004年の始めに再びそのコースを実施することになるでしょうが，2003年は，"就業体験コース" は実施されません」「当校のプログラムへのご興味をありがとう」「よろしく」

- ♦ email「E メール」；e-mail とも書かれる
- ♦ at present「現在のところ」
- ♦ work experience courses「就業体験コース」(business internship とも言われる。現実に会社，団体にある期間受け入れてもらって，そこで実地に仕事を体験するコース)
- ♦ cancel「キャンセルする」(英では cancelled, 米では canceled となる)
- ♦ owing to...「…のために」
- ♦ legislation「法律」
- ♦ insurance「保険」
- ♦ at the beginning of...「…の始めに」
- ♦ enrolment「入学」

Eメールでは、パーソナルになります。Dear Maki とファーストネームを使い、Best regards で終わり、コンマもつけない open punctuation で block style になっています。

(4) 個人的なことになりますが、私の入院中にいただいたカード、同僚の Anne Swan 先生からのものです。お見舞のことばはうれしいものでした。

Dear Hayashi-sensei,

　　I was very sorry to hear of your illness and I hope you will soon be feeling better.

　　The university is not the same place without your cheerful smile! I hope it won't be long before you are back with us once again.

　　With best wishes for a speedy return to health,

　　　　　　　　　　　　　　Yours sincerly,

　　　　　　　　　　　　　　Anne Swan

［大意］「謹啓」（親愛なる林先生）「ご病気のことを伺いお気の毒に思います。早くよくなられることを望んでいます」「大学はあなたのすてきなスマイルがないので違ったところになっています。早く学校に帰ってこられるよう望んでいます」「早くご健康が回復されますように」「敬具」

- ◆ feel better「(病人が)健康を回復した、全快した」
- ◆ ...it won't be long before you are back with us.「間もなく私たちのところへ帰ってこられるでしょう」(=...you will be back before long.)

STAGE II

役にたつボキャブラリー(Useful Vocabulary)

　ここでは，ビジネスに多用されるボキャブラリー（語彙）を見ます。企業間の付き合いは人間関係によるところが多く，そこに人の往来，つまり「人の移動」（Unit 1）が見られ，商業活動に伴い，成約に向けて，また，契約に基づいて「もの」の送達，商品の発送，出荷，代金の決済など「もの/かねの移動」（Unit 2）と，情報化社会に不可欠の「情報を知らせる」という「情報の移動」（Unit 3）の側面があります。この３つの移動を通して，そこに使用される用語を考えます。次いで，「ものの売買」を念頭において，国際取引に使われる基本的な用語を見ます。これが「取引の英語」（Units 4）です。

Unit 1　人の移動

　「出発/到着する」「行く/来る」のような「移動動詞」（verbs of motion）を中心に見ます。

1．leave と arrive

「出発する」は leave
　出発を示す典型的な動詞は leave です。ある地点を離れることを意味し，〈人〉（または〈交通機関〉）が主語になり，目的語として〈出発地〉(source)が続きます。

(1) a. Mr. Stone will leave Tokyo next week.（ストーン氏は来週東京を出発します）
  b. The flight leaves Kansai International Airport at noon today.（そのフライトは今日の正午に関西国際空港を出発します）

leave; come; go; arrive のような「往来・発着」の動詞は，現に確定している未来ならば未来形を用いずに現在形で済ますことができ，また近い未来ならば，進行形を用いることが多いのです。leave は「行き先」を示すには，前置詞の for を使います。

(2) Mr. Stone is leaving Tokyo for Paris tomorrow.（ストーン氏は明日パリに向けて東京を出発します）

このように，leave は「ある場所をあとにして離れる」という意味で，出発点を示す「起点指向」の動詞です（交通機関での「出発」は，depart from〈出発地〉for〈目的地〉を使い，名詞形は departure，「到着」には arrive, arrival を使います）。また，leave には「あるものを残して離れる」の意味もあり，ここから「残す」「置き忘れる」の意味も出てきます。この意味の leave は，上記の「出発する」と違って，主語の〈人〉が移動するのではなく「人が意識的に，あるいは，無意識的にあるものを残す」の意味です。

(3) a. Could you please leave a message?（メッセージを残していただけませんか）
  b. Don't leave your belongings behind.（身の回り品をお忘れなく）

［出発する］

leave

出発地● ➡ ・・・・ ●目的地
  ［起点指向・出発地が強く意識される］
  leave〈出発地〉for〈目的地〉

「出発する」の leave と start

ふつうは目的語として起点が必要な「出発する」意味での leave に対し，start は，前向きの「出発する」の意識が強く，そこに行動開始のニュアンスが読み取れます。

(4) a. They left Hawaii for Tokyo.（彼らは東京に向けてハワイを出発した）

b. They started for Tokyo.（彼らは東京に向けて出発した）

　(4a) ...left Hawaii... では，出発地のハワイが強く意識されますが，(4b) ...started for Tokyo では，目的地の東京が意識され，日常的でないことを始めるというスタートが感じられます。

　　［出発する］
　　　　　　　　start
　　出発地● ➡ ・・・・ ➡ ●目的地
　　　　　［行動開始・目的地が意識される］
　　　　start for 〈目的地〉

「到着する」は arrive

　arrive は，「〈人・交通機関など〉が目的地・一定の地点に到着する」意味で，「着点指向」の動詞です。「着点」(goal) を表すには，arrive at/in 〈着点〉です。（口語では「到着する」は get to 〈着点〉を使う）

　(5) a. Please let me know when you will arrive.（いつ到着されるかお知らせください）
　　　b. Mr. May will arrive at Kuala Lumpur tomorrow.（メイ氏は明日クアラルンプールに到着します）

　(5b)の ...arrive at Kuala Lumpur は，目標点としてクアラルンプール空港/駅などを意識しています。...arrive in Kuala Lumpur ならば，クアラルンプールという都市に到着したことを暗示します。(6)は，船の発着の例です。

　(6) The Kurobe Maru of the Mitsui O.S.K. Lines is scheduled to leave Yokohama the day after tomorrow and arrive at New York on May 9.（商船三井ラインの黒部丸は，明後日横浜を出航し，5月9日にニューヨーク港に到着する予定です）

　　［到着する］
　　　　arrive
　　－－－－➡ ●到着地
　　　　［着点指向］
　　　　arrive at/in 〈到着地〉

arrive と reach

　reach にも「到着する」の意味がありますが，「〈人，交通機関など〉が

時間をかけ，あるいは，努力の末に〈あるところ/人のところ〉へ到着するというニュアンスがあります。reach は他動詞で必ず目的語をつけます。

  (7) a. I will phone you when I reach the hotel. (ホテルに着いたら，あなたに電話をします)

    b. We trust that the goods will reach you in good condition. (その商品が良好な状態であなたのもとへ着くことを信じています)

(7a)の …reach the hotel. は，…arrive at the hotel. とするよりも「ホテルに時間をかけて着く」と感じられ，また(7b)は「ものの移動」(Unit 2)ですが，…reach you… も同様に「〈もの〉が時間をかけてあなたのもとに着く」という感じがします。

次のcome/goもarrive/leaveと同じように，その主語が移動します。

> [到着する・達する]
> **reach**
> ・・・ ➡➡➡➡ ●
>   (時間をかけて/努力の末に) [着点指向]
> reach 〈ところ/人〉

2．「行く」(go)・「来る」(come)

「行く」は go：「話し手・聞き手のところから他の場所へ」行く

 go は「人，車などが，話し手または聞き手のところから他の場所へ行く」ことを示します。次の(8a)(8b)は，ともに，話し手が，聞き手をも含めて自分の今いるところから，他の場所に行くことを示しています。

  (8) a. I'm afraid I have to go. (残念ですが，私は行かなければなりません)

    b. I will go on a business trip to Ottawa next week. (私は，来週オタワへ出張に出かけます)

アメリカでハンバーガーショップへ行って注文する時に，For here or to go? (ここでお召しあがりですか，それともお持ち帰りですか)と尋ねられますが，この to go も，そのお店から他の場所へ持って出る (take out) ことを意味します。

> [行く]
> 話し手/聞き手 go
> ● ⟶   [他のところへ行く]

「来る」は come:「話し手の方へ」来る

　話し手の方へ，人，車などがやって来るのが come で，(9) ではウイルソン氏が話し手のいる日本に来るわけです。

　(9) Mr. Wilson will come to Japan next month.（ウイルソン氏は来月日本へ来ます）

　このように come/go は，日本語の「来る/行く」に相当しますが，「私（1人称）」と「あなた（2人称）」の対話では，come と go が逆になるケースがでてきます。

```
│　［来る］
│　話し手　　come
│　　●　　←――――――　［話し手の方へ来る］
```

「行く」と「来る」が英語と日本語で逆

　(10) "Come downstairs. Dinner is ready."（下りておいで。夕食です）

　　　　"I'm coming."（今，行きます）

「今，行きます」が "I'm coming."（今，来ます）です。このように，話し手(I)が聞き手(you)の方へ行く時，英語では come になります。この come は，日本語の「あなたのところに参ります」の「参ります」に相当し，相手に敬意を表した言い方です。(10) の例で "I'm going." と言うと「私はよそに出かけます」の意味になり，夕食は要らないということになります。次の例も同様です。

　(11) a. May I come and visit you today?（今日，お伺いしてもいいでしょうか）

　　　 b. I'm sorry I cannot come to your party tonight.（残念ですが，今晩，あなたのパーティに行くことができません）

　この come/go に対応するものに bring/take があります。

```
│　［私があなたのところへ行く］
│　　　　　　come
│　　●　――――――→　●
│　話し手(I/we)　　聞き手(you)
```

3．「連れて/持って行く」(**take**)・「連れて/持って来る」(**bring**)

「〈人〉を連れて行く/〈もの〉を持って行く」は take

take は go のように，主語が話し手また聞き手のところから他の場所へ「〈人〉を連れて行く/〈もの〉を持って行く」ことを示します。

(12) a. Take an umbrella with you. (傘を持って行きなさい)
　　 b. After the lunch, Ms. Yoshida will take you to a shopping center near our office. (昼食のあと，吉田があなたをオフィスの近くのショッピングセンターにお連れします)

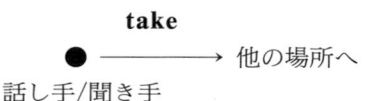

[持って/連れて行く]
　　　　take
　　● ─────→ 他の場所へ
話し手/聞き手

話し手の方へ「〈人〉を連れて来る/〈もの〉を持って来る」が bring

take とは反対に，bring は話し手の方へ「〈人/もの〉を連れて/持って来る」ことを示します。

(13) a. Will you bring me a glass of water? (私に水を一杯持ってきてくれませんか)
　　 b. Mr. Becker brought his wife to our party. (ベッカー氏は奥さんを私たちのパーティに連れて来ました)

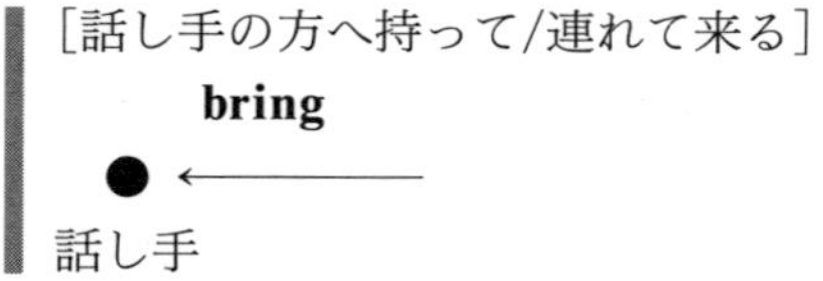

[話し手の方へ持って/連れて来る]
　　bring
　　● ←───
話し手

話し手が聞き手の方へ「連れて/持って行く」が bring

この bring/take も，come/go と同様に，話し手(I)が聞き手(you)の方へ「〈人〉を連れて行ったり，〈もの〉を持って行ったりする」とき，英語では bring を使います。

(14) a. I will bring the sample to your office this afternoon. (今日の午後，私はあなたのオフィスにそのサンプルを持って行きます)
　　 b. I will bring my wife to your party. (私はあなたのパーティ

に，わたしの家内を連れて行きます）

(14a)は，見本を相手(you)のオフィスに持って行き，(14b)は，自分の妻(my wife)を相手のパーティ(your party)に連れて行くので，英語では，いずれも bring になります。

［あなたのところへ持って/連れて行く］
bring
● ――――→ ●
話し手(I/we)　　聞き手(you)

4．もう1つの「行く」― travel と visit

travel は「旅行する」「移動する」

travel は，もともと「骨を折って旅をする」を意味しましたが，travel in〈ところ〉で「〈ところ〉を旅行する」，travel to〈ところ〉で「（交通機関を利用して比較的に長距離を）〈ところ〉へ移動する/行く」のように使われます。

(15) a. I traveled on business in Europe last year.（私は，昨年ヨーロッパを仕事で旅行しました）

b. We traveled to Osaka by Shinkansen.（私たちは，新幹線で大阪へ移動しました）

c. If you would like to communicate with me while I am traveling abroad, please contact Ms. Oldmen at our office.（私の海外旅行中に私に連絡をおとりになりたい場合は，当オフィスのオルドメンに連絡してください）

d. How long do you travel to your office?（あなたのオフィスまでどのくらいの時間で行けるのですか）

この travel と次の visit は，日本語で「行く」としても通用します。

［旅行する］
　　travel to〈ところ〉
● ➡➡➡➡➡➡➡ ●
［〈ところ〉へ移動する/行く］

visit は「訪問する」

もとは「見に行く」の意味で，visit〈人/ところ〉として「〈人/ところ〉を

訪問する；〈ところ〉を見物に行く」のように使われます。名詞形もあります。

(16) a. I visited our customers to introduce our new product. （当社の新製品を紹介するため当社の顧客を訪れました）
　　 b. I am going to visit Brisbane to attend a conference in October. （会議に出席するため10月にブリスベンを訪問するつもりです）
　　 c. We will be happy to inform you of our intended visit to your city as soon as it is known. （貴市への計画されている訪問について，わかりしだいお知らせします）

［訪問する］
　　　　　　visit
〈人〉─────▶ ●〈人/ところ〉　　［〈人/ところ〉を訪問する］

5．「動かない」のが stay

stay は「滞在する」

「人・ものが動いたり変化しないで，同じ場所・状態で継続して，居る」のが stay です。stay at a hotel（ホテルに滞在する）；stay in〈ところ〉（〈ところ〉に滞在する）や stay with〈人〉（〈人〉のところに滞在する）のようにも使われます。

(17) a. I am going to stay at Riverside Hotel. （私はリバーサイドホテルに滞在するつもりです）
　　 b. They stayed in Europe for several weeks. （かれらは数週間ヨーロッパに滞在しました）
　　 c. I would very much like to visit your Kobe plant during my stay in Japan. （私は日本滞在中に貴社の神戸工場をぜひ訪問したく思っています）

［滞在する］
stay at/in/with...　　［同じ場所・状態に継続して居る］

6. もう1つの take

交通機関を利用する

take〈交通機関〉で「〈交通機関〉を利用する」意味で使われます。ただ,航空機の場合には(18a)のように fly を使い,また(18c)のように take には「時間がかかる」の意味もあります。

(18) a. We will take the Shinkansen to Tokyo. (私たちは東京へ新幹線を利用して行きます)
b. I flew to Tront. (私はトロントへ飛行機で行きました)
c. The flight will take about 5 hours. (飛行時間は約5時間でしょう)

7. 「戻る・帰る」(return)

「もとの場所へ戻る・帰る」

return は re(もとに) + turn(戻る)の意味で「元の場所/状態へ戻る」ということです。

(19) a. I will give him your message as soon as he returns. (彼が戻ってきたらすぐにあなたのメッセージを伝えます)
b. Mr. Carter returned to work from his visit to Japan yesterday. (カーター氏は昨日日本訪問から仕事に戻りました)

return は「返送する」など,次の Unit 2 の「ものの移動」にも使われます。

8. 人の移動でよく使われる用語

♦ see 〈人〉「〈人〉に会う」
・I'll see you tomorrow. (明日お目にかかります)
・Our section manager is very busy seeing a number of visitors. (私たちの課長は多くの訪問客に会うのにとても忙しいです)

♦ see 〈人〉off 「〈人〉を見送る」—meet (出迎える)の反意語
・I will see Mr. Lynn off at the airport tomorrow. (私は,明日リン氏を空港で見送ります)

♦ meet 〈人〉「〈人〉に会う」(会うという意味では see と同じように用いら

れるが，meet には「紹介されて会う」「約束して会う」「出迎える」という意味がある）」；meet with〈人〉「〈人〉と約束して会って話をする」（米国で使われる）
  ・I am very pleased to meet you here.（私は，あなたにここでお目にかかれてうれしい）[初対面]
  ・We will meet at the gate at 3:00.（私たちは，門のところで3時に会いましょう）[約束して会う]
  ・I will meet Mr. Johnson at the station today.（今日私は，駅でジョンソン氏を出迎えます）[出迎え]
  ・It was a great pleasure to meet with you while I was in Tokyo.（東京に滞在中に，あなたにお会いしお話ができ，たいへんうれしく存じました）
◆ contact〈人〉/get in touch with〈人〉「〈人〉に連絡する」
  ・Please get in touch with/contact me by phone when you arrive in this city.（当市に到着されたら，電話で私にご連絡ください）
◆ pick〈人〉up「〈人〉を車で迎えに行く」
  ・I will pick you up at the station and take you to the hotel.（私が，駅まであなたをお迎えに行きホテルへお連れします）
◆ an appointment「アポ（時間，場所を決めての予約）」；make/have an appointment「アポをとる/アポをとっている」
  ・I would like to make an appointment to see Mr. Frank.（フランク氏に会うアポをとりたいのですが）
  ・I have an appointment with Mr. Burns at three o'clock.（3時にバーン氏とアポをとっています）
  ・Ms. Lee telephoned just now to cancel her 11 o'clock appointment.（リーさんはちょうど今電話してきて，11時のアポを断ってきました）
◆ make/have a reservation「予約する/している」；reserve「予約する」（＝book；名詞形は booking）
  ・I have a reservation here, I believe.（ここに予約をしているはずです）
  ・If you would like to make a hotel reservation, please let me know.（ホテルの予約をお望みなら，どうぞお知らせください）
  ・Please reserve/book two seats on an early morning flight for

Beijing on May 15.（5月15日の北京行きの早朝のフライトで2席を予約してください）

♦ arrange (for...)/make arrangements (for...)「(…のために)手配をする」
- We will arrange an airfreight of 60 units at our expense by end-July.（7月末まで60台を当社の費用で空輸貨物で送る手配をします）
- Please arrange for shipment of the whole lot as soon as possible.（直ちに全商品の出荷の手配をしてください）
- We would appreciate your making arrangements for these parts to be dispatched at once.（これらの部品がすぐに発送されるよう手配をしてくれればありがたいのですが）

♦ make a tour of/tour 〈工場〉「〈工場〉の見学をする」; tour「見学をする」
- We made a tour of/toured the factory.（私たちは，その工場の見学をした）

[**GAP-FILLING EXERCISES** (8)]
(1) Thank you for _____ the subway.（地下鉄をご利用いただきありがとうございます）
(2) "I'd like to talk to Mr. Thorne, please."（ソーンさんに話をしたいのですが）"I'm _____, but Mr. Thorne is away _____ a business trip now."（せっかくですが，ソーンは出張で留守です）
(3) I am scheduled to _____ in Chicago for a week from Sunday, May 1 through Saturday, May 7. During the period, I would like to _____ you and to discuss our future shipments _____ you.（私は，シカゴに5月1日（日曜日）から5月7日（土曜日）まで1週間滞在する予定です。その間あなたにお目にかかり，あなたとこれからの出荷について話し合いたいのですが）
(4) When you _____ at the hotel, please _____ my room, and I will _____ to the lobby.（ホテルに到着された時に，私の部屋に電話してください，そうすれば，ロビーに参ります）
(5) I will wait _____ you at the arrival lobby, and _____ you to your hotel.（到着ロビーでお待ちして，それで，あなたのホテルにお連れします）
(6) During my _____ in your country, it was very _____ to see you and to talk with you. I look forward to your _____ to Japan in October.（貴国での滞在中にあなたにお目にかかり，お話ができてほんとうによかったです。

10月の日本へのご訪問を心待ちにしています）
(7) Mr. Frank Miller will _____ overseas for a few weeks next month, and _____ to the headquarter office in the first week of January.（フランク・ミラー氏は，来月数週間にわたり海外旅行をして，1月の第1週に本社に帰ってきます）
(8) If you may need any assistance with your _____, please do not hesitate to _____ us.（もしご旅行についてなにかお手伝いを必要とされるならば，ご遠慮なく当社にご連絡ください）
(9) When I _____ to our office from our Christmas Holiday shutdown, I _____ your fax and acted at once upon your request.（私が当社のクリスマス休暇休みから当社のオフィスに帰ってきたとき，あなたのファックスを受取り，すぐにご依頼に従ってアクションをとりました）
(10) I intend to _____ to your city later this month, and would like to _____ you then for dinner with our mutual friend, Mr. Tony Gekko.（今月の終わりに，私は貴市に行くつもりにしており，その時に私たちの共通の友人であるトニー・ゲッコウ氏と一緒に，あなたにお目にかかりお食事をと思っています）

Unit 2　もの・かねの移動

　ここでは「もの・かねの移動」に関わる表現を見ます。印刷物や見本を送ったり，商品を発送したりすることは「ものが移動している」ことですが，実は「人がものを移動させる」ということです。「かねの移動」も同様で，ともに人が主語になることが多いのです。

1.「送る」(send)・「受け取る」(receive)

「送る」(send)
　「送る」とは，〈人〉が主語で〈もの〉を〈あるところ〉に向けて移動させることです。そこでsendという動詞は，〈もの〉(直接目的語)と〈送り先〉(間接目的語)の2つの目的語をとることになります。
　(1) a. We will send you the sample soon.（貴社にそのサンプルを近く送ります）

b. We will send it to your agent when it is ready.（それが用意
　　　　できた時に貴社の代理店あてに送ります）
また send は〈人〉を直接目的語にとり「〈人〉を…へ送る，派遣する」となります。
　（2）Please send someone to our factory.（だれかを当社の工場によこしてください）
ところで，次の(3a)のように，送る手段を「航空郵便で(by airmail)」「空輸貨物で(by airfreight)」のようにも言えます。また，(3b)のように，airmail には「航空郵便で送る」，airfreight には「空輸貨物で送る/空輸する」という動詞もあります。
　（3）a. We will send you the sample by airmail/by airfreight soon.
　　　　（そのサンプルを近く航空郵便で/空輸貨物で送ります）
　　　b. We have airmailed/airfreighted you the sample.（そのサンプルを航空郵便で/空輸貨物で送りました）
　同じ「送る」でも「発送する」(dispatch)「出荷する」(ship) ということもできます。

> ［送る］
> 　　　　　　　**send**
> 送る人　　　　　　　　　　　送り先
> 　● ➡ 〈もの/人〉を移動させる → ●
> send 〈送り先〉〈もの〉/send 〈もの〉to〈送り先〉

「発送する」(dispatch)，「出荷する」(ship)

　「送る」ということは，〈送る人〉が〈もの〉を〈あて先〉に送り，それが〈あて先〉に届くという「線」が意識されますが，「発送する」(dispatch)「出荷する」(ship) は，〈発送する人〉〈出荷する人〉が発送/出荷の手配をして，当該の〈もの〉がそれぞれの運送機関に運送をまかされた時点という「点」が，つまり，発送/出荷の起点が意識されます。英国では dispatch は，despatch とスペルされます。
　（4）a. We can dispatch these items in early March.（当社は３月上旬にこれらの品目を発送できます）
　　　b. We can ship your order in mid-March.（当社は３月中旬にご注文品を出荷できます）
　あて先を示すときは，dispatch/ship〈もの〉to〈あて先〉となります。

出荷するものが自明で出荷そのものに重点が置かれる時には，(5a)の make/effect shipment を，「出荷を急ぐ」には，(5b)の expedite/rush shipment を使います。

(5) a. As the goods are in stock, we can make/effect immediate shipment. (その商品は在庫にあるので，直ちに出荷することができます)

b. Since we need the goods by end-March, please expedite/rush shipment. (当社は3月末までにその商品を必要としているので，出荷を早めてください)

［発送する；出荷する］
dispatch; ship

送る人　　　　　　　　　　送り先
● ➡ 〈もの〉を発送・出荷させる・・・●
起点指向　dispatch 〈もの〉/ship 〈もの〉

「届ける/引き渡す」(deliver)

deliver は〈もの〉を「〈あて先〉に届ける/引き渡す」という意味で〈もの〉が〈あて先〉に着き，引き渡されることに意識がおかれています。(「送る」と同様に，人がものを宛先に届けさせるという意味です)

(6) a. Please deliver these documents to Mr. Morris, International Department Manager. (これらの書類を国際部長のモリス氏に届けてください)

b. The goods have been delivered to my house today. (その商品は本日私の家に届けられました)

［届ける・引き渡す］
deliver

送る人　　　　　　　　送り先
●〈もの〉を届けさせる ─➡ ●
　　　　　　　　　　着点指向(引き渡し)

　deliver 〈もの〉

make delivery は「引き渡す」；take delivery は「引き取る」

(7) a. We can make delivery within four weeks of receipt of your order. (当社は，受注後4週間以内に引き渡すことができ

ます)
　　b. We would like you to take delivery of these defective goods.
　　　(これらの欠陥商品を引き取っていただきたいと思います)
　makeは「行う」, takeは「取る」という意味を考えると, make delivery(引き渡す)とtake delivery(引き取る)の違いは理解できます。

「同封する」(enclose)も「送る」

　encloseはsend herewith [=send with a letter in an envelope], つまり「レターと一緒に送る」ということです。次の3つの用法があります。
　(8) a. We enclose a brochure. (パンフレットを同封します) [=We send herewith a brochure.]
　　　b. We are enclosing a brochure. (パンフレットを同封しています)
　　　c. We have enclosed a brochure. (パンフレットを同封しました)
　この3つの用法を可能にしているのは, レターを書く時点と相手先がレターを開封する時点との間に時差があるからで,「同封する」と書いている時は「あたかも現実に同封している気持ちになって」(8a)(8b)(8c)のように書いているわけです。(8a)は, 受動態でも使われbe enclosedは「同封されている」という状態を示します。
　(9) a. The price list is enclosed. (その値段表は同封されています)
　　　b. Enclosed is the price list. (同封されているのは値段表です)
　(9b)は, (9a)が倒置した表現で, (10)と同じようにenclosedを文頭にもってきて同封物があることを早く相手に告げる効果があります。
　(10) Enclosed please find a copy of our catalogue. (当社のカタログが1部同封されてるのをご覧ください) [Please find a copy of our catalogue enclosed.]
　いずれにしても「同封する」の基本表現は, I enclose... で, パーソナルレターでは, I am enclosing... が使われます。I have enclosed... は, 米国でよく使われ, 最近では, 英国でもよく見かけられます。Enclosed please find... は, やや古いものの捨てがたい表現です。また, enclosedは, 形容詞として「同封されている」の意味で使えます。
　(11) You will find the features in the enclosed technical information. (同封されている技術情報の中にその特徴をご覧いただけ

るでしょう）

ファックス・E メールでは attach/follow

　ファックス・E メールで「同封する」は，「添付する(attach)/続く(follow)」になります。まず「添付する」は，「同封する」の用法の連想から次のように使えます。

 (12) a. We attach/are attaching/have attached a file for your reference.（ご参考までにファイルを添付します/添付しています/添付しました）
    b. The price list is attached./Attached is the price list.
    c. Attached please find the price list.
    d. We send you a file as an attachment.（添付物としてファイルをお送りします）

　(12d)のように an attachment（添付物）を使う表現もあります。もう1つ「続く」という点に着目して follow を使って「添付」を表すこともできます。

 (13) a. The price list (is) to follow.（値段表が続きます）
    b. Please find the price list to follow.（あとに続く値段表をご覧ください）

　(13a) ...is to... は「予定」を示し，( )の中の is が省略されることがあります。

「受け取る」は receive

　送られたものは，あて先の人が「受け取る」(receive)ことになり，「送る」の反意語です。

 (14) a. We have received your fax of September 8.（9月8日付けのファックスを受け取りました）
    b. We trust that you will receive your order soon.（近くご注文品を受け取られると確信しています）

［〈人〉が〈もの〉を受け取る］

    receive
送る人   送り先（受取人）
 ●〈もの〉 ──────→ ●
send   receive 〈もの〉

名詞形の receipt は「受領」を意味する抽象名詞ですが，これが具体化して普通名詞のように「領収書」の意味でも使われます．

(15) a. The goods can be dispatched upon receipt of remittance. (その商品は送金を受取りしだい発送できます)
　　 b. We enclose our receipt. (当社の領収書を同封します)

ほかに order(注文 → 注文品，注文書)；shipment(出荷 → 出荷品)；remittance(送金 → 送金額)；payment(支払 → 支払い金)などがあります．

「返送する」は return

Unit 1［人の移動］で「戻る，帰る」の return は，他動詞として return＜もの＞で「＜もの＞を返す/返送する」，また，return＜行為＞で「＜行為＞に報いる/お返しをする」，さらに，名詞として by return という慣用表現もあります．

(16) a. Please fill in the form and return it to us. (その書式に記入して，返送してください)
　　 b. I hope I will be able to return the favor sometime. (私は，いつかご厚意にお返しができることを望んでいます)
　　 c. We look forward to receiving your decision by return. (折り返しご決定をいただけることを心待ちにしています)

by return は「折り返し」に相当し，「すぐに」というと相手をせかせることになり，遠回しに「折り返し」と言います．by return fax(折り返しファックスで)のようにも使えます．

2．「(金銭を)送る」(remit)

remit の目的語は金額

「＜金銭＞を送る」は send も使えますが，remit という専門用語があります．remit は，目的語が金額に限られます．名詞形の remittance は「送金」という意味です．

(17) a. We have today remitted £2,950 by TT to your account with The Midland Bank, York Branch. (当社は本日ミッドランド銀行ヨーク支店の貴社の口座あてに，電信送金で2,950ポンドを送金しました)

b. We have received your remittance of US＄85,000.（8万5千米ドルの送金を受け取りました）

remit(tance) と transfer

　外国への銀行送金には，国内送金と同様に，郵便送金(mail transfer; MT)と電信送金(telegraphic transfer; TT)の2種類があります。送金手続きを郵便でするか，電信でするかの違いで，電信送金は早く相手先の口座に振り込まれるので，ビジネスでは「電信送金」が利用されます。送金は，銀行間では金額の振替となって「移動」を意味する transfer が使われ，「銀行送金」は bank remittance; bank transfer です。次は transfer の用例です。

(18) a. Would you please transfer this amount to our account with Sumitomo-Mitsui Banking Corporation, Umeda.（この金額を三井住友銀行梅田支店の当社の口座に振り込んでもらえませんか）

　　　b. Please note that your commission of ＄9,000 will be transferred to your ordinary deposit account.（手数料9,000ドルはあなたの普通預金口座に振り込まれることをご承知おきください）

　参考までに，この transfer は，(19)のようにも使われます。

(19) a. Our office has been transferred up to the 2nd floor.（当社の事務所は2階へ移転しました）

　　　b. He was transferred from the head office to another branch in Fukuoka.（彼は本社から福岡支店へ転勤になりました）

　このような「移動」を意味する transfer は，他動詞では「〈人/もの〉を移転させる」，銀行では「〈金銭〉を振り替える，振り込む」という意味で使われます。

3.「(代金を勘定に)つける」(charge)

「つける」は charge

　個人輸入では，ふつうクレジットカードで支払い(payment by credit card)をします。このために，相手先にクレジットカードの種類(type)，所有者(holder)，番号(number)，有効期限(expiry date)を通知してクレジットカードの口座につけて(charge)もらうことになります。買い物の

支払いの時には "Cash or charge?" と尋ねられますが，これは「現金ですか，あるいは，クレジットカードなどで払われますか」の意味です。

(20) Please charge the amount to my credit card account.（その金額をわたしのクレジットカードの勘定につけてください）

売り手側は買い手にたいし「クレジットカードの口座につける」と通知します。

(21) We have charged the amount to your credit card account, and enclose a charge slip.（当社はその金額をあなたのクレジットカードの口座につけましたので利用明細書を同封します）

4．「貸方票」(credit note)・「借方票」(debit note)

credit は口座入金；debit は口座引き落し

会社間の各種の勘定の変動・調整を相手方に知らせるために，この貸方票や借方票を発行して，会計処理をします。

自分あての貸方票を受け取ることは，代金の受領となり，これを「貸方へ記入する」と言い，動詞の credit を使います。逆に，借方票を受け取ると「借方へ記入する」と言い，動詞の debit を使い，支払いになります。買い物の支払いに利用する debit card は「口座引き落しカード」と呼ばれ，買い物代金がコンピュータ回線を利用し即時に預金口座から引き落とされます。この引き落しが debit で，逆に credit は口座への入金と理解できます。その例文を見ましょう。

(22) a. Our bank has informed us that your transfer of ＄2,800 was credited to our account.（当社の取引銀行は，当社の口座に貴社が2,800ドルを振り込んでいただいたということを当社に通知してきました）

　　 b. We have debited the amount to your account.（この金額を貴社勘定の借方に記入しました）

(22a) の be credited to one's account は，口座に入金をしたことを示し，「振り込む」ということで，逆に (22b) は，相手先の口座から引き落すことになります。

(23) a. You have charged this item at ＄5.10 instead of ＄5.00. Please send us your credit note for the difference.（貴社はこの品目を単価5ドルでなく5.10ドル請求しています。その差額

の貸方票を送ってください)

  b. We will have to debit you with further advertising expenses.
   (これ以上の広告費については貴社の借方に記帳しなければならないでしょう)

 (23a)では, 貸方票を受け取ることは当社への入金になり (相手方の支払い), (23b)は, 相手方の借方に記入するので, 相手方の負担になる (相手方の支払いで, 当方の受取り)ということです。この debit は, 3. の charge と同じ意味になることがわかります。

5. もの・かねの移動でよく使われる用語

♦ buy〈もの〉「〈もの〉を買う」; purchase〈もの〉「〈もの〉を購入する」
 (buy よりも purchase のほうがフォーマルな表現)
- The company is gradually expanding their operations in our country, and is expected to buy even more machines. (その会社はわが国で徐々に業務を拡大しておりますので, これまで以上にもっと機械を買う見込みです)
- Please give us the quantity you would like to purchase. (購入されたい数量をお知らせください)
- We are interested in your terms of payment for regular purchases and large orders. (当社は, 定期購入と大量注文にたいする支払い条件に興味があります)

♦ sell〈もの〉「〈もの〉を売る/が売れる」; market〈もの〉「〈もの〉を売りに出す」(sell よりも market のほうがフォーマルな表現)
- We are a mail-order shop that sells a wide range of confectionery. (当方は広範囲の菓子類を販売する通信販売の店です)
- The goods are sold out, but we can offer you a substitute. (その商品は売り切れておりますが, 当社は代替品を提供できます)
- We are pleased to inform you that your new product is selling well in our country. (貴社の新製品がわが国でよく売れているとうことを貴社に喜んでお知らせいたします)
- We are studying the possibility of marketing our new line of electronic products in your country. (貴国で当社の新しい電子製品を販売できるかの可能性を検討しています)

♦ import ⟨もの⟩「⟨もの⟩を輸入する」; export ⟨もの⟩「⟨もの⟩を輸出する」
  ・The company imports raw materials and exports finished goods. (同社は原料を輸入し，完成品を輸出しています)
♦ supply ⟨もの⟩「⟨もの⟩を供給する」[supply ⟨人⟩ with...; supply...to ⟨人⟩の２通りの用法がある]
  ・Please supply us with the following items：(下記の商品を供給してください)
  ・Please supply the following items to us：(下記の品目を供給してください)
♦ pay/payment「支払う/支払い」
  ・Please pay by credit card or debit card since we do not accept checks. (当社は小切手を受け入れておりませんので，クレジットカードかデビットカードでお支払いください)
  ・We would suggest paying half the amount in advance. (金額の半額を前払いということでどうでしょうか)
  ・We would like to remind you that your payment is now 15 days overdue. (お支払いがただ今15日間期限をすぎていることをお知らせします)
  ・We enclose a check for US＄520.00 in payment of your Invoice No.085/in payment for the samples you sent us. (貴社の送り状番号085に対する支払いとして/ご送付の見本の支払いとして，520.00米ドルの小切手を同封します)

[**GAP-FILLING EXERCISES** (9)]
(1) We can _____ these items as soon as we _____ payment in advance. (前金を受取りしだい，当社はこれらの品目を発送できます)
(2) I would be grateful if you could _____ me information about accommodation in Paris. (パリでの宿泊についての情報をお送りいただければありがたいのですが)
(3) We _____ the goods on August 30. (当社は，その商品を８月30日に出荷しました)
(4) We would appreciate your early _____. (早速のご送金をいただければありがたいのですが)
(5) We have _____ the total of US＄268.00 to your VISA account. (当社

は合計金額268米ドルをあなたの VISA 口座の勘定につけました）

(6) We have ＿＿＿＿ you for premium of insurance. Would you please pay the freight and warehouse charges and ＿＿＿＿ them to our account?（保険料を貴社の貸方に記帳しました。運賃と倉庫料をそちらで支払って，当方の借方に記帳してくださいませんか）

(7) We trust that you enjoyed your ＿＿＿＿ to this country and in particular that you are pleased with the goods you ＿＿＿＿ from us.（この国へのご訪問を楽しまれ，特に，当店から買われた商品にご満足いただいているものと確信しております）

(8) If we ＿＿＿＿ remittance by end-October, we will be able to ＿＿＿＿ your order in end-November.（10月末までに貴社の送金を受領すれば，当社はご注文の品を11月末に出荷することができるでしょう）

(9) Wednesday, February 14 is ＿＿＿＿ for me. Could you please check whether/if Mr. Meshberg will be ＿＿＿＿ on that day?（2月14日水曜日は私にとって都合がいいです。その日にメッシュバーグ氏が手がすいているかどうかをチェックしてもらえませんでしょうか）

(10) We have today ＿＿＿＿ by ＿＿＿＿ the total of US＄7,600.00 to your account with the Bank of America, Access Road Branch. Would you please send us the confirmation of ＿＿＿＿?（当社は総額7,600.00米ドルをアメリカ銀行アクセスロード支店の貴社の口座へ本日電信送金でお送りしました。受領確認書をお送りくださいませんか）

[国際郵便(**International Mail Service**)]

　国際郵便には，航空便（airmail）と船便（surface/seamail）があり，書状（letter）や郵便はがき（postcard）は，ふつう航空便で必ず AIRMAIL か PAR AVION をあて名の左下のところに書きます。速達便（express mail）でも，赤字で EXPRESS と書き，書留便（registered mail）では，受け付けたラベルが封筒に貼付されます。

　We have today sent you the sample by express mail/by registered mail.（当社は本日速達便で/書留便でその見本を貴社に送りました）

　クリスマスカードやカタログなどの印刷物は，Printed Matter（印刷物）と表示すれば，安い料金で送ることができます。20kg までの小包は小包便（parcel post）が，急ぐ場合は，EMS（Express Mail Service/国際エクスプレスメール）があります。EMS は書類から品物まで最優先で配達され，アメリカ，欧州向けで 3～4 日で届きます。EMS 専用の封筒，ラベルが郵便局に用意されています。

　この郵便局の業務とは別に，ビジネス向けに急を要する書類，見本，商品

などの輸送に「クーリエ」(courier)と呼ばれる特急の国際宅配便(International Courier Service)があります。大手の DHL Japan, O.C.S., FedEx など約30社あり，料金は割高ですが，早く着く（欧米向けならば翌日に届きます）ので重宝されています。
　We have today dispatched the parts by DHL.（当社は本日その部品を DHL で発送しました）

Unit 3　情報の移動

　情報の交換はビジネスでのコミュニケーションの大きな部分を占めています。ここでは情報を伝える表現を見ます。

1．tell と inform

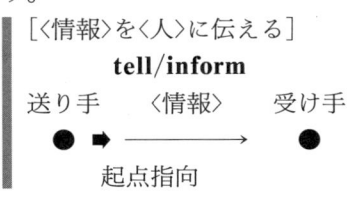

tell, inform は「〈情報〉を〈人〉に伝える」

　発信者に視点をおいた起点指向の表現で，tell〈人〉...; inform〈人〉... のようにまず目的語として情報の受け手としての〈人〉が必要で，次に情報内容が続きます。「ある内容を相手に伝達する」ことに焦点が当てられています。

　　　[〈情報〉を〈人〉に伝える]
　　　　　tell/inform
　　送り手　〈情報〉　受け手
　　　●　➡　————————→　●
　　　　　　　起点指向

tell, inform の語法
　(1) a. Please tell me the results.（私に結果をお知らせください）
　　　 b. Please tell us about the matter.（その件について当社にお知らせください）
　　　 c. Please inform us of the results.（結果について私たちにお知ら

せください)

 d. We inform you that our office is closed on Tuesday next week to celebrate the 50th anniversary of the foundation of our corporation.(来週火曜日は，当社のオフィスは，創立50周年を祝うため，休業することをお知らせします)

 e. I will tell/inform you when Mr. Perrin will be available.(ペリン氏がいつ手がすいているかをあなたにお知らせします)

　(1a) の tell〈人〉〈名詞〉のように tell に二重目的語が続く時，直接目的語の名詞は fact; joke; name; news; secret; story など，それ自体言ったり，語ったりするような内容を含んだ名詞に限られ，このような名詞は tell〈人〉〈the facts/jokes/his name/the story/the news〉のように用いられます。また，(1b) の matter のように言葉で表現することと直接関係のない名詞，例えば accident/case/holiday/incident などでは，tell〈人〉about〈accident/case/holiday/incident/matter〉のように about が必要です。inform は tell と違い，構文上では(1c)のように inform〈人〉of〈名詞〉となります。もっとも(1d)の when 節のような疑問詞節(what/where/why 節など)や次の(2)のような that 節が続く時は tell と同じく inform〈人〉what/where/why...，あるいは inform〈人〉that... の構文を使います(一般的に言って，tell は「口頭で知らせる」ときに，「書面」では inform がよく使われます)。

 (2) We tell/inform you that our factory and office will be closed for annual summer vacation from August 10 through August 18. (当社の工場とオフィスは，例年の夏休みのため 8 月10日から 8 月18日まで休みであることをお知らせします)

> [tell/inform]
> tell〈人〉〈事〉
> tell〈人〉of/about〈事〉
> inform〈人〉of〈事〉
> tell/inform〈人〉that/疑問詞

〈人〉tell〈人〉to... は「命令」

　tell には，tell〈人〉to... で「〈人〉に…しなさい」という命令の用法もあるので区別しておきましょう。

 (3) We have already told our shipping clerks to be more careful so

that such an incident will not happen again.（当社の出荷業務の事務担当者には，このような事が再び起こらないように，一層注意するように言っておきました）

keep 〈人〉 informed of... も覚えよう

「…について〈人〉にたえず何かを知らせる」という継続を示す keep 〈人〉 informed of... があります。

(4) a. We will keep you informed of the progress of the negotiation with our users.（当社のユーザーとの交渉の進展について絶えずお知らせいたします）

b. Please keep us informed of daily movements of the market.（市場の毎日の動向について絶えずお知らせください）

もうひとつの「伝える」：let 〈人〉 know 〈事〉

「〈人〉に〈ある事〉を結果として知るようにさせる」という着点指向の表現で，日本語の「知らせる」（知るようにさせる → 知らせる）に相当します。情報の伝達には「誰に何を伝えるか」（tell; inform）という言い方と「誰に何を結果として知るようにさせるか」（let〈人〉know）という言い方があるわけです。情報の伝達は「誰に何を伝え，知ってもらう」ことに焦点があり，この「知らせる」は，それにぴったりの表現でよく使われます。

(5) a. Please let me know the results.（結果をお知らせください）

b. Please write or telephone to let your host family know when you will arrive.（あなたがいつ到着されるかを，あなたのホストファミリーに知らせるよう手紙を書くか電話をしてください）

[〈人〉に〈事〉を知らせる]
　　let 〈人〉 know 〈こと〉
送り手　　〈情報〉　　受け手
●　───→　➡●
　　[知るようにさせる] 着点指向

2. say と tell

say は「ある内容を発言する」；tell は「相手に情報を伝達する」

say と tell は，ともに伝達動詞で，話す事によって情報を伝える点では

同じ意味ですが，tell には上でふれたように，ふつう「伝える相手」が必要になります。

(6) a. I'll tell him that you called.（あなたが電話をかけてこられたことを彼に伝えます）
　　b. Susan says that George is sick in bed today.（スーザンはジョージは今日は病気で寝ていると言っています）

(6a)のように ...tell him that... と that 節が続く時には「伝える相手」の him が必要ですが，say では必要ではありません。もっとも(6b)に「伝える相手」をつけて Susan says to me that George is.... のように言うこともできますが，この to me は任意です。このことから，tell（inform も含めて）は相手に情報(information)を伝えることに重点がおかれ，say は発言内容(statement)に重点がおかれると言われます。

[say と tell]

伝達動詞 { say：発言をそのまま伝達する；発言内容に重点

tell/inform:〈人〉に情報を伝達する

直接話法では say；間接話法では tell

　話法を思い出してみると，直接話法では，通例，伝達動詞に say が使われ，引用符で囲まれた発言内容が続いています(tell を使うこともできます)。これを間接話法に転換するとき，say を tell に代え，発言内容を that 節/疑問詞節にして，この that 節/疑問詞節の中身を発言する本人や，伝達する相手，伝達の時やところなどにより，必要に応じて書き換えなければなりません。このように tell を使う間接話法では，発言内容が that 節/疑問詞節で情報化されることになります。このこととあわせ，伝える相手が必要である tell では，その発話は相手になんらかの影響をあたえ，伝達者の意図した方向に多少なりとも変化したことが暗示されます。この点 say では，その発言内容を受け手が受け入れるかどうかは暗示されていません。

(7) a. Tom said, "I will return on July 16."（トムは「私は7月16日に戻ってきます」と言いました）
　　b. Tom said that he would return on July 16.（トムは自分は7月16日に戻ると言いました）
　　c. Tom said to/told me, "I will return on July 16."（トムは「7

月16日に戻ってきます」と私に言いました）［この場合 tell でもよい］

  d. Tom told me that he would return on July 16.（トムは自分は7月16日に戻ると私に言いました）

(7a)では，Tom が I will return on July 16. と言ったことを示し，(7b)は，その間接話法でその発言は that 節で情報化しており，伝える相手の to me を示した(7c)の直接話法は(7d)のように Tom told me that.... となります。要は say では，その「発言」をできれば，その人の発言どおりの形で「そのまま」伝えることに焦点をあわせており，tell では「だれにどのようなことを言ったのか」という情報を伝達することに焦点をあわせているということになります。次の(8)の違いを考えましょう。

We can say that... と We are told that...

 (8) a. We can say that ESK Corporation is one of the leading manufacturers of farm machinery here.（ESK 株式会社は，当地で一流の農機具メーカーの1つであると言うことができます）

  b. We are told that The Swan School of English is one of the best in England.（スワン・スクール・オブ・イングリシュは，英国で最良のものの1つであると聞いています）

(8a)では「当社は that 節の内容を言うことができる」と自分の考えを述べており，(8b)では「that 節の内容は情報として自分が聞いたことである」と伝えています。

新聞・テレビ・レター・E メールも発言する

 ふつう say の主語は「人」ですが，Today's paper says...; The TV says... のように新聞，テレビなどが発言の主体になる用法もあります。次の(9)では，letter と e-mail がその主体となっています。

 (9) a. Frank's letter says that he will be here early next week.（フランクの手紙には，来週早くこちらに来ると書いてあります）

  b. Thank you very much for your e-mail of today saying that all the items that we require are available from stock.（当社が必要とする全品目が在庫から入手可能であるとの本日付けの E メールありがとうございました）

3．伝達手段 — 手紙，ファックス，Eメール，電話

「手紙を書く」は write

「手紙を書く」は write，「〈人〉に手紙を書く」は write〈人〉[米国]/write to〈人〉[英国] です。write (a letter) to〈人〉... のように，目的語として a letter をとることがあります。

(10) a. I will write (to) you again. （私はあなたにまた手紙を書きます）

b. We are writing to inform you of our Christmas sale. （当社のクリスマスセールについてお知らせするために手紙を書いています）

fax, e-mail, telephone は動詞にも使える

fax, e-mail/email には，名詞とともに，動詞の用法もあります。fax は動詞としては「ファックス(文)を送る/ファックスする」の意味で，「Eメールを送る/Eメールする」(e-mail/email)，「電話をかける/電話する」(phone/telephone/call) も同様に使われます。

(11) a. We will fax or email you later. （あとであなたにファックスかEメールします）

b. Please fax or e-mail to let me know when you will come. （あなたがいつ来られるかを知らせてもらうためファックスをするかEメールをしてください）

c. I am calling to tell you that I have now received my order. （私の注文品を今受け取ったことをお知らせするために電話をしています）

d. I will call/phone you tomorrow. （明日あなたに電話します）

e. Please e-mail me your reply. （私にご返事をEメールしてください）

fax, telephone/call も e-mail と同様に，(11e) のように，二重目的語を従えます。

また，名詞で伝達手段を表して by letter, by fax, by telephone, by e-mail も可能です。

(12) If you need further details, please let us know by letter/by fax/by telephone/by e-mail. （さらなる詳細をご必要ならば，手紙

で/ファックスで/電話で/E メールでお知らせください)

ここで，hear from... を思い出してみましょう。次のような関係になります。

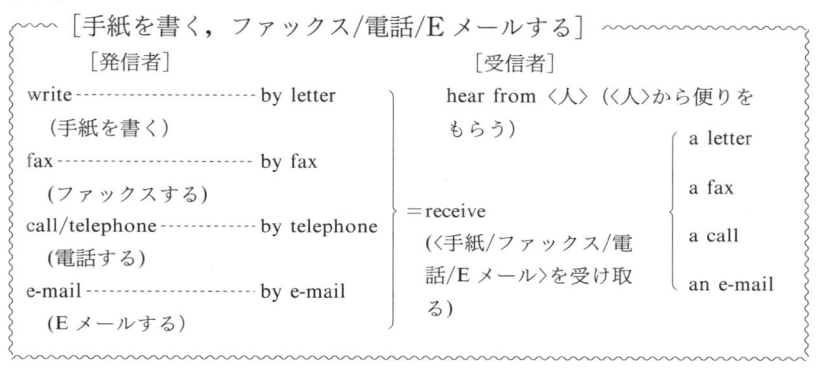

［手紙を書く，ファックス/電話/E メールする］
　　　［発信者］　　　　　　　　　　　［受信者］
write ------------------------ by letter　　　hear from 〈人〉(〈人〉から便りを
　(手紙を書く)　　　　　　　　　　　もらう)
fax -------------------------- by fax　　　　　　　　　　　　　　　　｛ a letter
　(ファックスする)　　　　　　　　＝ receive　　　　　　　　　　　 a fax
call/telephone ------------ by telephone　 (〈手紙/ファックス/電　　 a call
　(電話する)　　　　　　　　　　　話/E メール〉を受け取　　 an e-mail
e-mail -------------------- by e-mail　　　る)
　(E メールする)

「電話機」(a telephone) と「通話」(a call) は区別する

　ファックス，E メールは，a fax; an e-mail で a fax message; an e-mail message の意味で使えますが，電話について a telephone は「電話機」の意味で「通話」というには a (telephone) call, メッセージは a telephone message です。

(13) a. Thank you for your fax/e-mail. (ファックス/E メールありがとう)
　　 b. Thank you for your (telephone) call. (お電話ありがとう)
　　　　［＝Thank you for calling］
　　 c. I received a fax/an e-mail/a (telephone) call from Susan. (スーザンからファックス/E メール/電話をもらいました)

　従って，Give me a fax/an e-mail. (ファックス/E メールをください) と言うことができても，「電話をしてください」の意味では Give me a telephone. ではなく，Give me a (telephone) call. と言わなければなりません。日本語では「電話機」のことを「電話」と言ったり，「通話」のことも「電話」と言ったりするので，英語では区別するようにしましょう。

4．対話 — 話をする (**speak; talk; discuss; negotiate**)

　「話す」に相当する表現として，この 4 つは「なんらかの話題について

話をする」という時に使います。ただ，その「話し方」に，それぞれ特長があります。

speak は一方向に，talk はお互いに話をする

まず speak の用法を見ましょう。
(14) a. Michiko speaks Chinese.（みち子は中国語を話します）
　　 b. Would you speak a little more loudly, please?（もう少し大きな声で話してもらえますか）
　　 c. Who's speaking, please?（どちらさまですか）
　　 d. Prof. Takeda spoke to us about the recent recession.（武田教授は最近の景気後退について私たちに話をしました）

ここから speak は，「一方向に音声を出す」ということがわかります。「中国語を話す」ことも，「少し大きな声で話す」ことも，「講演をする」こともそういう意味を含んでいます。(14c)は電話で相手の名前を聞く時の発話で，この「一方向に声を出す」という speak の特長をよく示しています。

これに対して「お互いに話をする」ことを含意するのが talk です。
(15) a. It was very nice to talk with you.（あなたとお話できてよかったです）
　　 b. We talked about the stock market.（私たちは株式市場について話をしました）
　　 c Can I speak/talk to Ms. Lee, please?（ミズ・リーに話をしたいのですが）

このように，talk は「相手とのことばのやりとり」が意識されます。(15c)では，電話で「ミズ・リーをお願いします」という発話ですが，speak では「リーさんに一方向に話をしたい」との意味あいから，そこに「距離感」が感じられ，同時に「丁重さ」が増すとされます。逆に，talk では「お互いに話をする」ことから，比較的に「親密感」が感じられ目上の人に対しては，speak がよく使われることになります。

「座談会」は a round-table talk，「首脳会談」は summit talks，テレビなどの「インタビュー番組」は a talk show であるのも，talk の「話のやりとり」が意識されますし，また形容詞の talkative は「話好きな，おしゃべりな」であり，speakable は「話すことのできる」であることも talk と speak の違いが感じられます。この speak と talk の共通点は，

(14d) の speak about/of..., (15b) の talk about/of... のように「なんらかの大まかな話題をあげて，それについて話をする」と言えることです。

［speak/talk］
speak（一方向に）　●ーーーーー→●
talk（お互いに）　●←ーーーー→●

「話し合う/意見の交換をする」は discuss

「〈人〉と〈話題〉について話し合う」は，discuss〈話題〉with〈人〉で，speak about/talk about... のように about は要りません。「意見の交換をする，議論する」のが discuss で，そこに感情の対立はありません。

(16) a. Let's discuss this issue thoroughly.（徹底的にこの問題を話し合いましょう）
b. It was very nice to talk with you on the telephone today about seeing you to discuss the terms and conditions of business.（取引条件についてあなたと話し合うためにお目にかかることについて，今日お電話でお話しできてよかったです）

「話合い，議論」は discuss の名詞形の discussion ですが，「打ち解けた話合い」なら conversation になります。

(17) a. After some discussions, we came to a conclusion.（何度か話合いのすえ，結論にいたりました）
b. In regard to our telephone conversation today, I would like to confirm your schedule as follows:（私たちの本日の電話での会話について，私は下記の通りあなたの予定を確認したい）

［話し合う］
discuss
●　←　意見の交換　→　●
discuss〈ことがら〉with〈人〉

「交渉する」は negotiate

「合意に達するために掛け合う」のが negotiate で，negotiate with 〈人〉about/on〈事〉「〈人〉と〈事〉について交渉する」の形で使われますが，他動詞として negotiate〈契約〉は「〈契約〉を取り決める」，negotiate〈小切手，手形〉は「〈小切手，手形〉を換金する」(Unit 4 取引の英語(5)［信用状荷為替手形による決済］を参照) の意味もあります。名詞形は negotiation です。

(18) a. We suggest that you should negotiate with the insurance company on this matter.（この件については保険会社と交渉されてはどうかと思います）

b. We have successfully negotiated a new agreement with the company.（当社はその会社とうまく新しい契約を取り決めました）

c. We are ready to begin negotiations about production of this system under licence.（当社は，この装置のライセンス製造についての交渉を始める用意があります）

d. We have negotiated our draft through The Bank of Tokyo-Mitsubishi, Yokohama Branch.（当社の手形を東京三菱銀行横浜支店を通して換金しました）

[negotiate]
negotiate with 〈人〉 about/on 〈事〉：
　　　　　　　　　　〈人〉と〈事〉について交渉する
negotiate 〈契約/手形〉：〈契約〉を取り決める/〈手形〉を換金する

5．「伝達」の give

give が「伝える/述べる」に使われる

次の give は「伝える」の意味で用いられています。

(19) a. I will give him your message.（あなたのメッセージを彼に伝えます）

b. Can you give me your address and telephone number in Canada?（カナダでのあなたの住所と電話番号を知らせてくれませんか）

このように give は，直接目的語として「情報を含む名詞」が続くときに「伝える/述べる」の意味で使われます。(19a)の「メッセージ」(19b)の「住所，電話番号」がそのような名詞で，同様の名詞をあげておきます。

an answer（答え）	information（情報）	a notice（通知）
a quotation（見積）	a choice（選択）	instructions（指示）
an opinion（意見）	a story（話）	details（詳細）

a name（名前）　　　a price（値段）　　　a reason（理由）
a fact（事実）　　　　news（ニュース）　　quantity（数量）

「ものが物理的に移動する」ことを意味する give が，上記のような情報を含む名詞を目的語としてとる時に，比喩的に「伝える/知らせる」の意味になります。もちろん tell を使うこともできますが，特に give は，もとは「人にただで持たせる」という意味で，このように使われることになります。次は，別れのあいさつの伝言や，レターの終わりによく用いられる日常的な表現です。

(20) a. Give her my love.（彼女によろしくお伝えください）
　　 b. Give my best regards to your wife.（奥様によろしくお伝えください）

6．情報の移動でよく使われる用語

♦ leave a message「メッセージを残す」
　・Would you like to leave a message?「メッセージを残されますか」
　・You can leave a message for Mr. Walker at the hotel front office.（ホテルのフロントにウオーカー氏あてのメッセージを残すことができます）

♦ hear/learn...「…を聞く，伺う」
　・I am delighted to hear your news of promotion.（ご昇進のニュースを聞きとてもうれしいです）
　・We were pleased to learn that you complied with our request for price reduction.（当社の値下げの要請に応じてくださったことを伺いうれしかったです）

♦ Please note that...「…ということをご承知ください」
　・Please note that our prices are 10％ lower than those available here.（当社の値段は，当地で入手可能のものより10％安いということをご承知ください）

♦ inquire for/about...「…を求めて/について問い合わせる」（最近はfor/about の区別もなくなり，about を使うことが多い）；an inquiry「問い合わせ/引き合い」（英国では，enquire; enquiry）
　・I am writing to inquire about your export transactions.（貴社の輸出取引についてお尋ねしたく，この手紙を書いています）

- We have many inquiries for/about your new product.（貴社の新製品について多くの引き合いがあります）

♦ refer to...for ~「…に~（信用など）を問い合わせる」
  - For our credit standing, please refer to the following bank:（当社の信用状態については，下記の銀行にお問い合せください）
  - Please refer to our website at http://www.hic.com.au for further details of our programs.（当社のプログラムのさらなる詳細については，当社のウェブサイト http://hic.com.au をご参照ください）

♦ state「はっきり正式に述べる」; report「報告する」; announce「公表する」
  - The attached sheet states very briefly what we have in mind about the concept of our intended event.（添付の用紙には，当社の意図する催しの理念がとても簡潔に，はっきりと述べられています）
  - Our shipping clerk reports that your goods were dispatched on March 5.（当社の出荷の担当者は，貴社の商品は3月5日に発送されたと報告しております）
  - I am pleased to announce that we have opened a retail outlet in Shijo-Oike.（当社は，四条御池に量販店をオープンしたことを喜んでお知らせします）

[**GAP-FILLING EXERCISES**（10）]
(1) I will _____ you as soon as I know my travel plans.（旅行計画がわかりしだい，あなたに手紙を書きます）
(2) Please _____ my room when you arrive at the hotel.（ホテルに着かれたら私の部屋に電話してください）
(3) We will _____ you our choice by the 10th.（10日までに当社の選択をファックスします）
(4) It was very nice to _____ with you _____ our business on the telephone.（電話であなたと私たちの取引についてお話してよかったです）Then we would like to further _____ the terms and conditions of business with you in the near future and, if possible, to _____ a contract.（それで，近い将来に貴社と取引条件についてさらに詳しく話合い，可能ならば，契約を取り決めたいと思っています）
(5) We are pleased to _____ you that we have today dispatched your order by airfreight.（当社は，本日ご注文品を空輸貨物で発送したことを喜んでお知

らせします）
(6) We are sorry to _____ that this item is sold out.（残念ながらこの品目は売り切れています）
(7) Please _____ us your best price for this item.（この品目にたいする貴社の最低価格を見積もってください）
　　Please let us _____ your best price for this item.（この品目にたいする最低価格をお知らせください）
(8) Mr. Hass will _____ you for an appointment.（ハース氏はアポのためあなたに電話するでしょう）
(9) Please inform us _____ their credit standing and reputation.（同社の信用状態と評判についてお知らせください）
(10) I am pleased to _____ you that our Marketing Manager, Mr. Masao Morishita, happens to be in your country.（当社の販売部長の森下正男氏がたまたま貴国にいるということを喜んでお知らせします）

Unit 4　取引の英語

　ここでは，国際取引としての「もの」の売買のプロセスのひな型を考えながら，そこに使用されるビジネスの基礎的な専門用語を見ていくことにします。次のように考えます。

　［取引の英語］
　1．取引先を見つける
　　　市場調査を通じて相手先を発見する。信用調査などを含む。
　2．取引の申し込み・引き合い
　　　相手先を絞り取引を申し込む。必要に応じ取引の基本ルール（取引形態，取引条件）を決めたり，また，商品についての問い合わせ（印刷物，見本，見積りなどの発送や受領）が行われる。
　3．オファー／4．注文
　　　契約の実現を目ざしての具体的な交渉が行われる。
　5．支払い／6．出荷
　　　それぞれ，契約通りに支払い，出荷をし，契約は終結する。

7．クレーム
　　　義務の履行に支障がある場合には，クレームの提起となる。

　これまでの貿易実務は，支払いが信用状付き荷為替取引を中心とし，その取引を規定する国際規則のもとに説明されてきました。しかし貿易の自由化，技術の進歩，ボーダレスが進むにつれ，企業間の取引関係も親密化し，荷為替ベースを中心とする実務も大きく変わってきました。ある意味でITの進歩から企業間の取引も個人的な色彩を帯びてきています。また，日本から賃金の安い国に生産設備を移すという「空洞化」（a hollowing out）現象は，その海外拠点から製品を出荷するため，日本向けの輸出は，日本側から見ると輸入となるものの，その企業から見ると，その企業内での売買になり，また，海外向けの輸出は海外生産工場からの輸出となり，代金決済も送金ベースが中心となって，これまでの商品取引のひな形は必ずしも現実とそぐわない部分も出てきています。他方では，Eメールの普及，輸送の高速化，とりわけ，航空機輸送の増加も取引の全局面に大きく影響を及ぼしています。例えば，成約を目ざす注文やオファーの交渉も，のんびりしたやり取りから即時の応答が必要とされるなど迅速性が求められます。この「取引の英語」では，従来のプロセスを踏襲しながらも，変化も考えてそれに関わる英語の表現を中心に見ることにします。

１．取引先を見つける

　まず，「商品」に相当する英語を覚えましょう。

商品の英語
- goods：「商品」（総合的に商品を意味する一般的な語，この意味ではいつも複数形，goodに商品の意味はない）
- article(s)：「品物，物品」（単数・複数あり）
- item(s)：「品目」（単数・複数あり）
- product(s)：「製品」（単数・複数あり）
- line(s)：「（ある種類・型の）商品」（単数・複数あり）
- merchandise：「（集合的に）商品」（つねに単数，やや古い表現）
- commodity(ies)：「産物，商品」（穀類，綿花，バター，卵，油脂などの産物，日用品を指すことが多い）

goods は常に複数，merchandise は常に単数であることに注意しましょう。用例です。
(1) a. These goods are in stock.（これらの商品は在庫があります）
　　b. This article is explained in detail in the brochure.（この品物はパンフレットの中に詳しく説明されています）
　　c. We are greatly interested in these items.（当社はこれらの品目に非常に興味をもっています）
　　d. We wish to promote and market our products in your country.（当社の製品を貴国で販売促進したいと願っています）
　　e. We would like to call your attention to our new line of carpets which we have recently introduced.（当社が最近発売した新しい種類のカーペットにご注目いただきたいと思います）
　　f. Upon unpacking the merchandise, we have found that two of the tea cups are chipped.（商品の包装をあけてみると，ティーカップのうちの2客がかけていることがわかりました）
　　g. Commodity prices are terribly high in Tokyo.（東京は物価がとても高いです）

自己紹介

自己紹介には，次のようにそれぞれ2通りの表現ができます。
(2) a. We are a manufacturer/a supplier of electronic scales.（当社は電子はかりの製造業者/供給業者です）
　　　We manufacture/supply electronic scales.（当社は電子はかりを製造/供給しています）
　　b. We are a dealer/a distributor of used cars.（当社は中古車の取扱業者/販売業者です）
　　　We deal in/distribute used cars.（当社は中古車を取り扱って/販売しています）
　　c. We are an importer/an exporter of woolen goods.（当社は羊毛製品の輸入業者/輸出業者です）
　　　We import/export woolen goods.（当社は羊毛製品を輸入/輸出しています）
　　d. We are a wholesaler/a retailer of printed ties.（当社はプリント・ネクタイの卸売り業者/小売り業者です）

　　　　We wholesale/reail printed ties.（当社はプリント・ネクタイを
　　　　卸売り/小売りしています）

　この(2)では a dealer や a manufacturer などを単数で表現していますが，これを複数にして We are dealers/manufacturers... とすることもできます。単数は米国で，複数は英国でよく用いられます。

　「代理店」は an agent あるいは an agency です。agency は，もともと「代理権限/代理行為」という抽象的な意味ですが，普通名詞化することによって「代理店/代理人」の意味でも使われます。

　(3) a. Our agent/agency, ARIX Corporation, takes care of all our exports to the U.S.A.（当社の代理店であるアリックス株式会社が米国への当社の全輸出品を取り扱っています）

　　　b. The two companies entered into a sales agency agreement on August 24, 200X.（その両社は200X年8月24日に販売代理店契約を締結しました）

　運送業者は a forwarding agent/agency です。この forward は「運送を任されて目的地へ貨物を運ぶ」（この forward には「転送する」の意味もある）という意味で，その業務をする代理店ということです。また a forwarder とも言われます。

　自己紹介，販売促進のために「印刷物」も必要です。代表的なものをあげます。

印刷物(printed matter)
　・a catalogue(カタログ)：「当社のカタログ2部」は two copies of our catalogue という。
　・a brochure(パンフレット)：フランス語からの借用語；a pamphlet よりもこの語が使われる。
　・a company profile(会社概要，会社案内)
　・an operation manual(取扱い説明書)
　・literature(広告，宣伝用の「印刷物」)：不可算名詞
　・specifications(仕様書［機械，自動車などの構造明細のこと］)

次はその使用例です。

　(4) a. Please look over our company profile while you are waiting.（お待ちの間に当社の会社概要をご一読ください）

　　　b. The sales brochure will be airmailed soon.（販売パンフレットはまもなく航空便で送られます）

c. Please let us know if you need additional literature. （さらに印刷物がご必要でしたら，お知らせください）

2．取引の申し込み・引き合い

取引の申し込み(a business proposal)

取引の申し込みには，次のように書くこともできます。

(5) a. We have heard your name and address from the Chamber of Commerce and Industry of your city. （当社は貴社名と住所を貴市の商工会議所から聞きました）We have close connections with leading manufacturers here of steel products and can supply these quality goods at competitive prices. （当社は当地で一流の鋼鉄製品の製造業者と密接な関係をもち，これらの高品質の商品を競争に耐える値段で供給することができます）We enclose our catalogue and company profile. （当社のカタログと会社概要を同封します）

   b. We have been informed by the Secretariat of the Japan-Australia Business Council in Tokyo that you are interested in meetig with us to have business talks. （日本・オーストラリア経済人協会の東京事務局から貴社が当社と商談するため会いたいとの意向であると知らされました）Please let us know your mailing address so that we can send you our product and company information. （製品および会社の情報を送ることができるよう貴社の郵送先住所をお知らせください）

まず，どのようにして相手先を知ったかを伝え，次に，(5a)では，自社のセールスポイントをあげ，(5b)では，自社の情報を送るため相手先のアドレスを尋ねています。また，初めての申し込みで相手先が自社のことを知らない場合には(6)のように書きます。

(6) Please refer to our bank, The Kanto Bank, Kyobashi Branch for our credit standing. （当社の信用状態については，取引銀行である関東銀行京橋支店にお問い合せください）

自社の取引銀行を信用照会先(a credit reference)としてあげ，自社の信用状態(credit standing)を問い合わせてもらうようにします。銀行を照会先とする場合は銀行信用照会先(bank reference)，同業者をあげる場合は

同業者照会先(trade reference)，個人をあげる場合は個人照会先(personal reference)になります。

引き合い(an inquiry)

　お互いに信頼しうる相手先であると確認できれば，次は「引き合い」の段階になります。「引き合い」とは，買い手が興味のある商品の在庫の有無や値段などを売り手に尋ねる「問い合わせ」のことです。引き合いにたいして，見本，カタログ，見積りなどの送付を行うことになります。次は，印刷物や見本の送付を頼んでいます。

(7) a. We are looking for reliable new sources of high quality Crystal Glassware, and would be grateful if you could send us catalogues of these items. (当社は高品質のクリスタルガラス製品の信頼できる新規の供給業者を探しており，これらの品目についてのカタログをお送りいただければありがたいのですが)

　　b. We have plenty of inquiries from our customers for your molds for plugs and caps, and would appreciate it if you would send us some samples as soon as possible. (貴社の容器中栓とキャップ用の金型にたいし当社の顧客から多くの引き合いがきています。なるべく早く，見本をいくつか送ってもらえれば感謝します)

「見積もる」は quote; FOB と CIF

　quote は「値段をいう，値段を見積もる」の意味で，quote〈人〉〈値段〉の型で使われます。これは，(8a)のようにも言えますが，業界ではふつう(8b)のように専門用語の quote を使います。どの業界にもその中の人たちの間で使う業界用語がありますが，その用語を使うことが仲間意識を確認しあうことになり，また，コミュニケーションの促進要因にもなります。

(8) a. Please give/tell us the price FOB airport for this item. (この品目の航空 FOB 値段を知らせてください)

　　b. Please quote us the price on CIF Yokohama/on an FOB your port basis for this item. (この品目の CIF 横浜値段/貴港 FOB 値段を見積もってください)

　国際取引で見積りをする時，商品輸送の運賃(freight)と保険料(insurance)を売り手，買い手のいずれが負担するかによりFOB/CIFという代表的な価格条件があります。FOBでは，運賃と保険料を買い手が負担する条件で，CIFでは運賃と保険料が値段の中に含まれ，売り手が負担する条件となります。(8)のように表現し，FOBはFree on Boardのイニシャルをとったもの，「甲板の上で売り手の費用・責任が免れる」という意味で，出荷する船の甲板だけでなく，航空機の機内や列車内に積み込むまで売り手が費用，責任を負担し，それ以後は買い手負担となります。CIFはCost, Insurance and Freightの略で，売り手が仕向地(destination)まで運賃・保険料を負担する値段です(売り手の責任はFOBと同じく，出荷地の積込みまで)。CostはFOB価格を意味します。従ってFOBでは「出荷地」，CIFでは「仕向地」がポイントになるので，それぞれFOB New York; CIF Yokohamaのように，FOBでは「出荷地」，CIFでは「仕向地」(destination)が表示され，費用・責任がいずれに，また，どこまであるかを示します。この2つをミックスした価格条件としてC & F(Cost & Freight)があります。これは，売り手が仕向地までの運賃を負担する条件で，保険料は買い手負担になります。このFOB; CIFも業界用語です。

「値段が高い，安い」の形容詞

値段(price)が主語となって「安い/高い」という時はlow/highを使い，商品についていうときは，goodsがcheap/expensiveであると言います。
(9) a. The price is low/high. (その値段は安い/高い)
　　 b. The goods are cheap/expensive. (その商品は値段が安い/高い)

次のように理解することができます。
(10) a. The goods are cheap. ＝ The goods are low in price/low-priced.
　　　(その商品は値段が安いです)　(その商品は値段の点で安いです/安く値がつけられています)
　　 b. The goods are expensive. ＝ The goods are high in price/high-priced.
　　　(その商品は値段が高いです)　(その商品は値段の点で高い/高く値がつけられています)

cheapとexpensiveは「値段が安い/高い」という意味で，それぞれの

語の中に「値段」がインプットされています。ただ cheap は「安っぽい」感じを与えるので，あまり使われず，代わりに inexpensive; economical; low-priced などが用いられます。「手ごろである」は，good; moderate; reasonable ですが，この「手ごろである」ということは「安い」ということで，次の(11)もその意味で使われています。

(11) The price is good/moderate/reasonable. (その値段は手ごろです；その値段は安いです)

「ベストプライス(the best price)」は，買い手にとってベストの意味で「最低値段(the lowest price)」のこと，「他社に負けない値段」は a competitive price です。

(12) a. Please quote us your best/lowest price. (当社に貴社の最低値段を見積もってください)

b. We can supply these items at competitive prices. (当社は，これらの品目を他社に負けない値段で供給できます)

買い手からの引き合いにたいし売り手は迅速に応答します。次はその1例です。

(13) Thank you very much for your interest in our products. As requested, we enclose a price list and have today sent you the samples separately. All the items are in stock and can be shipped immediately. We look forward to receiving your order. (当社の製品へのご興味，たいへんありがとうございます。ご依頼どおり，値段表を同封し見本を本日別便で貴社にお送りしました。全品目は在庫にあり，すぐに出荷できます。ご注文をいただけるよう心待ちにしています)

この「引き合い」の段階から，買い手からの「注文」，また売り手からの「オファー(申し出)」という契約への段階へと進んでいきます。

[**GAP-FILLING EXERCISES** (11)]

(1) I _____ the trade fair in Auckland last week, and was greatly _____ with your optical products displayed at your booth. I would _____ detailed information about those products. (私は，先週オークランドで見本市を訪れ，貴社のブースで展示されていた光学製品に強い印象を受けました。それらの製品についての詳しい情報をいただきたいのですが)

(2) As soon as we _____ from you about your specific requirements, we

will be _____ to send you our best quotations.（貴社の具体的な必要品についてお聞かせいただければすぐに，貴社のために当社のベストの見積りを喜んでお送りします）

(3) Please _____ that these prices are about 5％ _____ than those available here, such as Sakura brand and Fuji brand. The technical information is _____ follow.（これらの値段はサクラブランドやフジブランドのような当地で入手可能のものよりも約5％安いということにご留意ください。その技術情報が続きます）

(4) As _____ of the major manufacturers of Women's Lingerie, we are greatly _____ in your market because we _____ that this business has a great potential for growth in your country.（女性用ランジェリーの大手メーカーの1社として当社は貴市場に大いに興味があります，というのも，このビジネスは貴国で大きな成長の可能性があると確信しているからです）

(5) We can _____ the material in various sizes and designs. So we are sending you some samples by _____ post, and the prices are _____ in the enclosed price list. We would _____ your comments on our samples and quotations.（当社はいろいろなサイズとデザインでその生地を供給できます。それで，見本をいくつか別便でお送りし，値段は同封の値段表の中に示されています。見本と見積りについてコメントをいただければ幸いです）

(6) Thank you very much _____ your inquiry of September 12 about our goods. _____ requested, we _____ our catalogue and price list.（当社の商品についての9月12日付けのお問い合わせどうもありがとう。ご依頼通り，当社のカタログと値段表を同封します）

(7) We are pleased to _____ you that your products are very _____ here, since we are receiving a number of _____ for them.（貴社の製品にたいし多くの引き合いを受け取っているので，当地でとても評判がいいということを喜んでお知らせします）

(8) Your inquiry is now receiving our _____. We will be happy to _____ you detailed information within 10 days.（ご照会はただ今手配中です。10日以内に詳しい情報を喜んでお送りします）

(9) We have dispatched a full range of samples by air _____ post. You will understand that our products are excellent in _____ and reasonable in _____.（航空小包郵便で見本一揃えを発送しました。当社の製品が品質の点ですぐれており，また値段の点でも手頃であるのがおわかりいただけるでしょう）

(10) Please _____ us your best prices for the following items:（下記の品目の最低値段を見積もってください）

3．オファー（an offer）［売り申し出］

　売り手は，買い手にたいし積極的に売りの申し出をします。この「売り申し出」がオファー（an offer）です。次はその一例で，必要な条件を明示してオファーしています。

(14) We offer you firm the following goods:（当社は下記の商品を貴社にファームオファーします）

　　　　Goods（商品）： VHS Video Tape Recorder Model No. VT-7
　　　　　　　　　　　（VHSビデオテープレコーダVT-7型）
　　　　Quantity（数量）：100 units（100台）
　　　　Price（値段）： US＄380.00 FOB Japanese port per unit（1台あたりFOB日本港380米ドル）
　　　　Shipment（出荷）： Immediately after receipt of remittance（送金受領後すぐに）
　　　　Packing（包装）： Usual packing（通常の包装）
　　　　Insurance（保険）： To be insured by the buyer（買い手により付保されること）
　　　　Payment（支払い）：By TT（電信送金による）
　　　　Valid until August 31, 200X（200X年8月31日まで有効）

ファームオファーは「回答期限付き申し出」

　オファーはふつう「回答期限付き」で，これを「ファームオファー」(a firm offer) と言い，この firm は「回答期限付きの」という意味の形容詞で回答期限内に全面的に受諾すれば契約が成立します。(14) "We offer you firm...（当社は…を貴社にファームオファーをします）の firm は「回答期限付きで」という副詞で，ここでは Valid until August 31, 200X がその回答期限です。回答期限を "subject to your reply reaching us by August 31, 200X"（貴社の回答が200X年8月31日までに当社に到着することを条件として）とすることもあります。subject to... は「…を条件として」の意味，to は前置詞で your reply は続く動名詞 reaching の意味上の主語です。また subject to prior sale は，先着順に (on a first-come-first-served basis) 売るという条件で「先売り御免の条件で」と言われ，よく見かけられる条件です。

カウンターオファー (a counter offer)

売り手がオファーした条件を買い手が全面的に受諾するよりも、買い手がその条件の一部変更を申し出ることが多いものです。値段がいちばんのターゲットになります。買い手は次のように値切ることもあります。

(15) We will accept your offer if you can reduce the price to US $ 370.00（値段を370米ドルへ下げてもらえれば、貴社のオファーを承諾します）

このようにオファーに対して買い手が値段を下げるように申し出る、つまり買い手がオファーされた条件の一部変更を売り手に申し出る、その申し出を「カウンターオファー」(a counter offer) と言います。「修正/逆オファー」とも呼ばれます。次は買い手からの値下げのカウンターオファーにたいする売り手の対応の例です。

(16) a. This is our best price, and we regret that we cannot lower it further.（これは当社の最低値段です、したがって残念ながらこれ以上値段を下げることはできません）
　　 b. We can decrease the price to US $ 370.00 if you order 150 units.（150台注文されれば値段を370米ドルへ下げることができます）

(16a)では、値下げのカウンターオファーに対し、最低値段であるので値下げはできないとし、(16b)では、150台注文してくれれば370米ドルへ値下げするとし、それぞれ買い手からのカウンターオファーに対する売り手のカウンターオファーです。こういったやりとりをしながら契約が成立していくことが多いのです。次の(17)は、出荷を早めるように申し出るカウンターオファーです。

(17) We need the goods here by end-September; therefore, we will be able to accept your offer if you can make shipment during August.（当社はその商品を9月末までに当地で必要としています、それゆえ、8月中に出荷できるなら、貴オファーを承諾することができるでしょう）

「値段の割引/引き下げ/引き上げ」の表現

・割引：make / allow / give a 10％ discount off the list price(s)
　　　（定価から10％の割引をする）
・値下げ：decrease/reduce/lower/bring down the price to US $ 50.

00（値段を50米ドルへ下げる）
- 値上げ：increase/raise the price to US＄50.00（値段を50米ドルへ上げる）
- 改訂：revise the price（値段を改訂する：値上げの意味で使われることが多い）

(18) a. We give/make a 10％ discount off our list prices.（当社は表示価格から10％の割引をします）

　　b. Please let us know what discount you can make if we order 10,000 units or more.（もし当社が10,000台以上注文すれば，貴社は何パーセントの割引をすることができるのかをお知らせください）

　　c. We have to inform you that our prices will be increased from April 1.（4月1日から当社の値段が上げられることをお知らせしなければなりません）

　　d. We are prepared to bring down/reduce the price to US＄10.00 per piece.（当社は値段を1個あたり10.00米ドルへ下げる用意があります）

　　e. Please let us know if/whether you can come down to US＄125.00 per set.（セットあたり125米ドルに下げることができるかどうかをお知らせいただきたい）

(18e)では，その値段まで降りてくる（come down to...）ことができるかという表現です。

(18b)では「1万台以上」を誤解のないように"10,000 units or more"と「1万台，あるいはそれ以上」と示しています。「1万台以下」ならば"10,000 units or less"です。値段を表示する時5米ドルならばUS＄5.00と最後のセントの単位まで記して間違いのないようにします。「2ドル引き下げて10ドルにする」ように「値下げ幅」を示すときは「差異」を示す前置詞のbyを使い，reduce the price by ＄2.00 to ＄10.00とします。「割引」には，現金割引（cash discount），数量割引（quantity discount）などがあります。

4．注文（an order）

　買い手が「注文」（an order）を出し，それを売り手が「受諾する」

(accept)と契約が成立します。この場合，売り手が注文を「確認する」(confirm)とも言います。注文は売り手が引き受けることが期待されているからです。「注文」は「オファー」と逆で，買い手が売り手に対し一定の条件で買うという意思表示・申し出です。

「注文する」の表現

「注文する」というときには，次のような代表的な表現があります。
- 〈買い手〉place an order with〈売り手〉：〈買い手〉が〈売り手〉に注文する/注文を出す
- 〈買い手〉order〈もの〉from(売り手)：〈買い手〉が〈売り手〉に〈もの〉を注文する/注文を出す

特に，orderを動詞で使うには「注文先(売り手)」を示す前置詞のfromに注意しましょう。もちろん，send〈人〉an order; give〈人〉an orderと言うこともできます。また，試しに出す注文は「試し注文/試験的注文」(a trial order)です。

(19) a. We place the following trial order with you:（貴社に下記の試験的注文をします）Please confirm this order.（この注文を確認してください）

b. We will order 1,000 units from you if your price is competitive.（貴社の値段が競争に耐えうるものであれば，当社は貴社に1,000台注文します）

「〈商品〉の注文」はyour order for/on〈商品〉です。an orderには「注文」のほかに「注文書」(an order sheet/form)「注文品(goods ordered)」の意味もあります。注文をする時もオファーの時と同様に品質，数量，値段などの条件を提示します。

(20) a. Thank you very much for your order of May 3 for/on our coppper sheets.（当社の銅板にたいする5月3日付けのご注文ありがとうございました）

b. We enclose our order No.JH-09.（当社の注文書No.JH-09を同封します）

c. We have today shipped your order.（ご注文品を本日出荷しました）

契約は書面で

契約(contract)が成立すると，売り手または買い手は契約内容を記述した契約書を2部(two copies)作成し，それに署名して(sign)，相手方に送付し署名を求め1部を返送して(return)もらいます。この契約書は，「売約書(Sales Note)」「契約書(Contract Sheet)」「買約書(Purchase Note)」などの表題が付けられます。

次は，買い手が買約書を同封し売り手の署名を求め，返送を頼んでいます。

(21) We enclose two copies of our Purchase Note. Could you please sign both copies and return one copy to us?（買約書を2部同封します。2部に署名をして1部を当社に返送してもらえませんか）

2部作成の契約書類は，それぞれ「正本(an original)」「副本(a duplicate)」と呼び，併せて「正副2通で(in duplicate)」と表現します。コピーと違い同じ効力があることを示しています。作成した方が署名をし，相手方に署名を求めているので，それを「連署する」(countersign)と言い，(21)は専門用語を使うと，次の(22)のようになります。

(22) We enclose our Purchase Note in duplicate. Could you please countersign it and return the duplicate to us, keeping the original with you?（当社の売買約書を正副2通同封します。それに連署をして，正本はお持ちいただき，副本をご返送いただけませんでしょうか）

［このように2部作成され，それに両者が署名し1部ずつ保有する運びになっている契約書も，現実には，売り手と買い手がそれぞれ契約書を作成して相手先に送付，そして返送を依頼するが，両者そのままで返送することなく，そのうちに契約が履行され，契約の終結を迎えることが多い］

5．支払い（payment）

売買契約の履行では，売り手は契約通りの商品を買い手に「引き渡す」こと(国際契約ではふつう商品を「出荷」する時点とみなされる)が義務で，他方，買い手の義務は「商品の引き取り」と「商品代金の支払い」になります。この代金決済の代表的な方法には「送金による決済」と「信用状付き荷為替手形による決済」によるものとがあります。

送金による決済

　銀行を通じての電信送金(Telegraphic Transfer: TT)による支払いです。この電信送金は，手続きが簡単なこと(相手先の銀行口座に送金するよう依頼する；ただし，金額が大きくなると輸入報告書，あるいは，輸入承認証などの書類を添付することもある)，送金手数料が安い(約3,000〜3,500円，銀行により少し異なる)，早く相手先に着く(入金通知などの手続きも含めて，遅くとも2〜3日後には売り手は代金を入手できる)などの便利さから利用されます。送金者は「外国送金依頼書」(Application for Remittance)に記入し現金を添えて申し込みます。この場合支払い方法として，通例「通知払い」(Advise and Pay)を指定します(ほかに，請求払い[Pay on Application]があるが，これは，受取人からの支払い請求を待って支払う方法で，海外旅行中の人に送金する場合などに利用される。Passport No.を記す欄がある)。支払い指図書が支払い銀行に到着すると受取人に通知し，口座に入金するか，あるいは，直接に支払います(支払い銀行が受取人にするこの通知には，手数料がとられる)。この送金による決済が当事者間で合意されるためには，買い手が前払い(payment in advance)に応じるか，売り手が後払い(deferred payment)を認めるかが必要です。そうでなければ，次の「信用状」をよく利用することになります。

信用状付き荷為替手形による決済

　売り手が買い手の取引銀行から支払い保証を受け，商品を出荷できる制度で，その支払い保証書が「信用状」(a letter of credit; an L/C)です。契約が成立すると，買い手が取引銀行に信用状の発行を手配し，それが売り手に通知されると，売り手は支払い保証を得たことになり，出荷にとりかかります。出荷を終えると代金取り立てのアクションを起こします。出荷の際に作成される「運送書類」(shipping documents)を添えて「為替手形(a bill of exchange; a draft)を振り出し，信用状を付けて売り手サイドの銀行に買い取りを依頼し，商品代金を入手します。この買い取りは，信用状による支払い保証のもとに，運送書類を担保にして銀行に立替払いをしてもらい，為替手形で買い手に代金支払いの指図をするものです。買い取り銀行(a negotiating bank)は，買い取った運送書類付き為替手形(荷為替手形：a documentary draft)を信用状発行銀行(an issuing bank)に送付し，買い手に為替手形を呈示し代金の支払いを求めます。買い手は

為替手形の支払い条件に従って支払いの段取りをして、運送書類を入手し商品を引き取ります。この信用状にかかわる表現を見ましょう。

信用状発行の手配

　契約で信用状による決済と合意されると、買い手は速やかに信用状の発行を取引銀行に依頼します。これを「信用状を発行する/開く」（issue/open an L/C）と言います。信用状のあて先は売り手で、信用状面では売り手は「受益者」（a beneficiary）となります。これを「貴社を受益者として/貴社あてに信用状を発行する/開く」（issue/open an L/C in your favor）と表現します。（信用状は関係者の同意がなければ取り消すことができない「取り消し不能信用状」です。）

(23) a. We have asked The Towa Bank to issue an irrevocable letter of credit in your favor. （当社は東和銀行に貴社を受益者として、取り消し不能信用状を発行するよう依頼しました）

　　　b. We have arranged with our bank to open an irrevocable L/C in your favor. （当社は取引銀行に貴社を受益者として、取り消し不能信用状を開くよう手配しました）

　上で述べたように、売り手は信用状の到着を待って出荷の手配を始めるので、その到着が遅れると、買い手に次のような督促をすることになります。

(24) a. Unless your L/C reaches us by July 5, we will not be able to ship your order during August. （貴社の信用状が7月5日までに到着しなければ、ご注文品を8月中に出荷することができないでしょう）

　　　b. As soon as we receive your L/C, we will be happy to make shipment. （貴社の信用状を受取りしだい、喜んで出荷します）

[参考] 為替手形の支払い期限：

　買い手に為替手形が呈示されて直ちに代金を支払う条件の手形である「一覧払い手形」（a sight bill/draft）と、ある一定の期間をおいて支払う条件の手形である「期限付き手形」（a usance bill/draft）とがあります。「一覧」とは「見る」という意味で、「一覧払い」では、その手形を見るとすぐに支払い、交換に運送書類を入手して商品を引き取ることができます。また、期限付きでは、例えば、30日、60日、90日のような期限がつけられ、この期間は支払いが猶予され、運

送書類を入手し，商品を引き取ることができます。一覧払いの条件は，売り手に有利であり，逆に期限付きは買い手に有利ですが，この期間中の利息の負担について取り決める必要があります。英語では，次のように表現します。

　　We have drawn a draft at sight on you.（当社は貴社宛てに一覧払い手形を振り出しました）

　　We have drawn a draft at 60 d/s after sight.（当社は貴社あてに一覧後60日払い手形を振り出しました）［d/s は days のこと］

運送書類(shipping documents)：
　輸出貨物を出荷する時に作成する関連種類のこと。売り手の作成する「商業送り状」(Commercial Invoice)，「包装明細書」(Packing List)，船会社の発行する「船荷証券」(Bill of Lading; B/L)，保険会社の発行する「保険証券」(Insurance Policy)などを指します。このうち，船荷証券は商品の預かり書に相当し，買い取り銀行はこれと信用状があれば代金の立て替え払いをし，また，買い手はこれによって商品を船会社から引き取ることができます。輸送が空輸の場合は，船荷証券の代わりに，航空会社の発行する「航空貨物運送状」(Air Waybill)となります。

　では，次に出荷についての表現を見ます。

6．出荷(shipment)

出荷通知(shipment advice)は売り手の義務

　売り手は，注文品を出荷すると，相手先に次のような出荷通知(shipment advice)を出さねばなりません。ふつう「通知」は a notice と言いますが，この「出荷通知」は大切な通知で，通常，専門用語の advice を使っています。次は，出荷通知の1例です。

(25) We shipped your order No.EP9 by/aboard/on board the Taiyo Maru yesterday.（当社は昨日ご注文品を大洋丸で出荷しました）The vessel is scheduled to leave here on October 31 and arrive at your port around November 15.（同船は10月31日に当地を出港し，11月15日頃に貴港に到着の予定です）We enclose copies of the shipping documents.（運送書類のコピーを同封します）We trust that the goods will reach you in good condition.（その商品が良好な状態で貴社のもとへ着くよう確信しております）

　船，航空機などで出荷するとき，上記の(25)のように，船名，航空機名

の前置詞の by のほかに aboard, on board も使われます。出荷(shipment)に関わる表現です。

(26) a. Shipment will be made within 3 weeks after receipt of your L/C.（出荷は貴信用状受け取り後3週間以内に行います）
b. Please let us know whether you can guarantee shipment by June 15.（6月15日までの出荷を保証できるかどうかお知らせください）
c. We offer the goods for May shipment.（当社は，その商品を5月出荷でオファーします）
d. We are terribly sorry about our delay in shipment.（当社の出荷遅延について非常に申しわけなく思っています）

出荷時期

(26c)の「5月出荷/積み」(May shipment)は，5月1日から5月31日までに出荷するという条件です。信用状による決済では，買い手の信用状の発行の手配が遅れると出荷の手配も遅れることから，(26a)のように「信用状受取り後3週間以内に出荷する(Shipment within 3 weeks after receipt of an L/C)というような取り決めをします。売り手は出荷した商品に問題があると苦情やクレームを受けることになります。要は，義務の履行に問題があれば，苦情やクレームが出てきます。

7．クレーム(a claim)

クレームは求償；苦情(a complaint)ではない

到着した商品に，品質不良(inferior quality)，数量不足(shortage)，品違い(wrong goods)，損傷(damage)などがあれば，売り手から苦情(complaint)がきて，その成り行きによっては，クレーム(claim)が提起されます。「クレーム」は「求償」ともいわれ，買い手の当然の権利として償いを求めることです。感情的要素の強い苦情よりも，事実を売り手に伝え，対応を求めるべきです。(27)は，買い手からの問題発生を伝える例文です。

(27) a. We regret that five cases of your shipment arrived in damaged condition.（残念ながら，貴社の出荷品のうちの5ケースが損傷を受けた状態で到着しました）

b. The goods that we received are not equal to the sample in quality.（当社が受領した商品は，品質の点でサンプルと合致しません）

運送・保険・貿易クレーム

(27a)のような運送中に発生したと見られる損害にたいするクレームは，運送クレーム(transportation claim)といわれますが，運送会社に対して提起されるケースはまれで，たいていは保険事故として保険会社に請求されることになります。次の(28b)のようなケースです。この場合，損害は保険によってカバーされます。この保険会社に対する保険金(premium)の請求は保険クレーム(insurance claim)と言われます。(27b)のようなケースは，輸出者が契約通りの商品を出荷しなかったために起こる問題で，輸入者は当然のことに輸出者にクレームを提起することになり，これを，貿易クレーム(trade claim)と言います。この貿易クレームは，双方が話し合って穏便に解決されることが多く，これが和解(compromise)による解決です。これが望ましい解決方法ですが，解決しない場合は，最終的には仲裁(arbitration)に委ねられることになり，公認の仲裁機関である国際仲裁協会に申し込むことになります。次はクレームを受けた側の応答例です。

(28) a. We regret to say that you received 48 units instead of 50 units.（50台ではなく，48台を受け取られたとのこと残念です）
b. Your claim has been passed on to our insurance company, who will contact you soon.（貴社のクレームは当方の保険会社に回しましたので，まもなく連絡することでしょう）
c. We are sorry for the inconvenience which this delay has caused you.（この遅れにより迷惑をかけて申しわけありません）
d. We will be more careful not to repeat such an error.（このような間違いが繰り返さないように，一層の注意をします）

以上，商品の国際取引の流れを見ました。この「取引の英語」は，ビジネスの最低限度の基本知識として理解しておくようにしましょう。

[GAP-FILLING EXERCISES (12)]

(1) We _____ you firm the _____ goods subject _____ prior sale.（当社

は先売り御免の条件で，下記の商品をファームオファーします)
(2) This offer is valid _____ July 15. We look forward to your immediate _____.（このオファーは，7月15日まで有効です。すぐに承諾されるよう心待ちにしています)
(3) Thank you very much for your quotation of October 15, and we _____ a trial order with you _____ follows:（10月15日付けの見積りありがとうございます。それで当社は貴社に下記のように試験的注文をします)
(4) Would you please _____ us two sample units of this item at our expense? We will _____ remittance by _____ as soon as we receive them.（この品目の見本2台を当社の費用で送ってもらえませんか。受け取ったらすぐに電信で送金します)
(5) We will arrange to open/issue an _____ as soon as you _____ this order.（貴社がこの注文を確認していただくとすぐに，当社は信用状を開く/発行する手配をします)
(6) We are prepared to make/give/allow you a 10％ _____ for an order of 1,000 units or _____.（当社は100台以上のご注文には貴社に10％の割引をする用意があります)
(7) We have issued/opened a _____ of credit for US＄20,000.00 in your _____ through The Heiwa Bank.（当社は貴社を受益者とする2万米ドルの信用状を平和銀行を通じて発行しました)
(8) Thank you very much for your order for/on 1,000 units of our CD Player Model C-30. We are pleased to _____ our Sales Note JT-09 in duplicate. Please _____ the duplicate with your signature, keeping the _____ with you.（当社のCDプレーヤーC-30型，1,000台のご注文ありがとうございます。売約書No.JT-09を正副2通同封します。正本をお持ちになり，貴社の署名とともに副本を返送してください)
(9) We have today _____ your order _____ board the Orient of the Ben Line. The vessel is scheduled _____ arrive at Liverpool around October 15.（当社は，本日ご注文品をベンラインのオリエント号で出荷しました。同船はリバープールに10月15日頃に到着の予定です)
(10) We have studied your sample snap fastener pliers and price list of May 3 and are pleased to place the following _____ order _____ you. Please confirm.（当社は貴社のスナップパンチャーのサンプルと5月3日付けの値段表を検討しました，それで，次の試験的注文を喜んでいたします。確認してください)

[READING EXERCISES]
(1) 家庭用娯楽製品の売り込みのレターです。自社の印刷物を同封しています。

Dear Sir or Madam,

Home Entertainment Products

We have heard from The Chamber of Commerce and Industry of our city that you are an importer of home entertainment products, such as Home Videos, Hi-Fi sets, and TV sets.

Since we deal in a wide range of these products, we can supply you with any of these items at highly competitive prices. We enclose our catalogue and price list, together with our company profile.

We look forward to hearing from you.

Yours faithfully,

［大意］「謹啓」「家庭用娯楽製品の件」：「当社は，当市の商工会議所から貴社がホームビデオ，ハイファイセット，テレビなどのような家庭用娯楽製品の輸入業者であることを聞きました」「当社はこれらの品目のどのようなものでも，他社に負けない価格で貴社に供給できます。当社の会社概要とともにカタログと値段表を同封します」「お便りをいただけることを心待ちにしております」「敬具」

- ♦ Dear Sir or Madam,「謹啓」にあたるあいさつで，英国で，相手先の担当者の名前がわからない時に用いる。米国では，Ladies and Gentlemen:を使う。
- ♦ home entertainment products「家庭用娯楽製品」
- ♦ a wide range of...「広範囲にわたる」
- ♦ such as...「…のような」(例示に使う，具体的な例示に用い，such as A, B, and C のように言う。

(2) 引き合いに対するファックスによる応答です。依頼された値段表，技術情報を添付しサンプル発送を伝え，見積りについてのコメントを求めています。

Dear Ms. Fox,

Your October 21 Inquiry

Thank you very much for your fax inquiry of October 21.

As requested, we attach a price list, together with techinical information, and have today dispatched the samples by air parcel post. We would appreciate receiving your frank comments on these quotations.

We look forward to hearing from you soon.

Sincerely yours,

［大意］「謹啓」（親愛なるフォックス様）「10月21日付け引き合いの件」：「10月21日付けのファックスの引き合いありがとうございました」「ご依頼通り、値段表を添付し、本日航空小包郵便で見本を発送しました。これらの見積りについて貴社の率直なコメントをいただければありがたいのですが」「早くお便りをいただけるよう心待ちにしております」「敬具」

- ◆ 件名の Your October 21 Inquiry は、左側に寄せている。
- ◆ together with...「…と一緒に」
- ◆ by air parcel post「航空小包郵便で」
- ◆ We would appreciate...「…であれば幸いですが」（依頼表現）
- ◆ frank comments on...「…についての率直なコメント」（comments は通常は複数）

(3) シンガポールから中古の掘削機（「パワーショベルカー」ともいう）の注文です。掘削機は建設現場で活躍します。中古は，製造年，稼働時間が記録され，足回りがゴムか鉄かの区別がされます。

Dear Mr. Nakamura,

Our Order No. SE-09 for Excavators

We place the following order with you:
    Goods: Used KOBELKO Hydraulic Excavator, Model SK120
    Quantity: 2 units
    Price: YEAR   HOUR   SHOE   UNIT PRICE, CIF Singapore
             1991   3936   STEEL   AT JPY1,300,000.00
             1992   4543   RUBBER   AT JPY1,350,000.00

>   Shipment: during May
>   Payment: an irrevocable L/C at sight
>
> As soon as we receive your confirmation, we will open an irrevocable L/C for this order.
>
> Sincerely yours,

［大意］「謹啓」（親愛なる中村様）「掘削機の注文 SE-09 の件」
「当社は，貴社に下記の注文をします」
「商品：中古 KOBELKO 油圧式掘削機，SK120 型」
　数量：2 台
　値段：製造年　稼働時間　足回り　　単価 CIF Singapore
　　　　1991　　3936　　　鉄シュー　130万日本円
　　　　1992　　4543　　　ゴムシュー　135万日本円
　出荷：5月中
　支払い：一覧払い手形条件での取り消し不能信用状」
「貴社の確認を受領しだい，この注文にたいし取り消し不能信用状を開きます」
「敬具」

- used「中古の」
- a hydraulic excavator「油圧式掘削機」
- 2 units「2台」
- unit price「単価」
- shoe「足回り」（両輪にあたるところが，鉄かゴムのベルトになっている）
- an irrevocable L/C at sight「一覧払い手形条件での取り消し不能信用状」（信用状による決済で，一覧払い為替手形を振り出す条件を簡単にこのように記す）

(4) ロンドン出張にあたり，相手先からのスケジュールの打合せのレターです。

> Dear Mr. Uemura,
>
> Your Visit to London
>
> Welcome back to London! I hope that your stay will be enjoyable and fruitful.
>
> Enclosed is the program for your visit. This is quite flexible and can be

altered to suit your needs.　We will meet to review it on Wednesday morning at approximately 9.30.

Unfortunately, I will be leaving here for New York on Thursday, so I will only be available during your first day.　Mr. Cohen will take care of you for the rest of your stay.

I am looking forward to seeing you again on Wednesday morning at our office.

Sincerely,

［大意］「謹啓」（親愛なる植村様）「ロンドンご訪問の件」：「ようこそ，ロンドンにお帰りなさい。ご滞在が楽しく，実り多いものでありますように望んでおります」「同封のものは，ご滞在の予定表です。これは，調整可能のもので，ご必要に応じて変更できます。私たちは，水曜日朝，約9時30分にお目にかかり，再検討いたしましょう」「あいにく，私は，木曜日にニューヨークに向けて当地を出発しますので，私は，最初の日しかご一緒できません。ご滞在の残りの期間はコーエンがお世話いたします」「水曜日の朝当社のオフィスでお目にかかれるのを心待ちにしております」「敬具」

- fruitful「成果のある，実り多い」
- enjoyable「楽しめる」
- flexible「調整のきく，融通のきく」
- alter「変更する（計画などの一部手直しをする）」
- suit your needs「ご要望に合わせる」
- review「再検討する」
- on Wednesday morning「水曜日の朝に」（前置詞は Wednesday にあわせて，on になることに注意）
- 9.30「9時30分」（9.30は英国式，米国式では9：30のように，コロンを使う）
- approximately「おおよそ，約」（= about）
- Unfortunately,「あいにく」
- available「会うことができる」
- take care of...「…をお世話する」
- the rest「残り」

(5) tea cups を個人輸入するに際して，送られてきた小包の中に添えられていた notice です。

IMPORTANT NOTICE

We hope that you are pleased with the contents of this parcel,

which has been packed for you with care.
Please
When unpacking, remember that the contents are fragile.

●

Check the contents against the packing note attached.

●

If there appears to be a shortage, first check the packing materials.

●

In case of damage do not return the goods but retain them
with the packing for possible future inspection by our insurers.
Inform us in writing and the office of delivery without delay,
giving a detailed description with, if possible, a photograph.
Quote the following reference and date:

3897E JB 9・15・03

Thank you.
We look forward to receiving further inquiries from you,
which will receive our most careful attention.

［大意］「大切なお知らせ」「この小包の中身にお喜びいただけることを望んでおります。あなたのために十分に注意して包装いたしました」「包みを開けて中のものを取り出す時，それは壊れ物であることを思い出してください」「添付の包装明細書と対比して中身をチェックしてください」「不足があるようでしたら，まず，包装材料を調べてください。また，万一損傷のある場合は，その損傷ある商品を返送せずに，保険業者による検査があるかもしれないので，包装ともども保管願います。当社および配達取扱所に書面にて，遅滞なく，詳しく説明を加え，できれば写真をそえて，お知らせください。その際，下記の参照番号と日付をお示しください」「3897E JB 9・15・03」「ありがとうございました」「あなたからさらなる引き合いをいただくことを心待ちにしております，当社の最高の手配をさせていただきます」（Mulberry Hall, York, England の印刷物より）

- ◆ contents「中身，内容」
- ◆ pack/unpack「包装する／包装を開けて中身を取り出す」
- ◆ fragile「壊れもの，割れやすい」
- ◆ retain「保管する」(= keep)
- ◆ insurers「保険業者，保険会社」
- ◆ in writing「書面で」
- ◆ without delay「遅滞なく」
- ◆ quote「(実例・参照番号などを)示す，持ち出す」

STAGE III

役にたつグラマー(Useful Grammar)

　このステージでは，ビジネス英語で多用されるグラマーを見ます。まず，現在，過去，未来などの時制，完了・進行の用い方を復習します。文(sentence)には，原則として動詞があり，そこを中心に時制，完了・進行が現れます。また，動詞に多彩な意味を味付けする助動詞の過去形もあります。特にビジネスの現場で，このような用法を間違えると大きな誤解を招くことにもなりかねません。Unit 1 では「時制」と「完了・進行」を扱います。

　Unit 2 では，現在分詞・過去分詞による修飾を関係代名詞との関連で考えます。これは，さりげなく用いられている修飾表現です。

　「文」と「文」を意味の関わりから結びつける「接続」を「接続詞」の点から考えるのが Unit 3 です。Unit 4 では，代表的な前置詞をとりあげます。

　外国語として英語をコミュニケーションの手段として使用するには，やはり，最低限度のグラマーの知識が要求されます。その中でも必要ないくつかをここでとりあげます。

Unit 1　時制と完了・進行

　単純現在，過去，未来，また，現在進行形，未来進行形，現在完了形を見ます。

1．単純現在

習慣 — 現在の習慣を表す単純現在時制

単純現在時制の基本は，(1)の習慣を示す用法です。

(1) a. I work for Mitsubishi Electric Corporation. （私は，三菱電機株式会社に勤務しています）

 b. We import and blend the finest teas from the Orient, Asia and Africa. （当社は，オリエント，アジア，アフリカから最高級のティーを輸入し，ブレンドして作っています）

このように，習慣として(1a)「勤務している」，(1b)「輸入し，ブレンドしている」ということを単純現在時制で表します。過去から現在へ，さらに将来にわたって，ある期間は習慣的にそうであろうということを示しています。

発話イコール行為の遂行
— 発話が行為をしたことになる単純現在時制

1人称(I/we)の話し手が，2人称(you)の聞き手に，ある種類の行為を単純現在時制で告げると，その発話がその行為を遂行したことを表す動詞があります。例えば，自分(I)が "Thank you." と相手(you)に言うと，それで感謝するというお礼の行為をしたことになります。このように，話し手が you に向けて，単純現在で発話することで，相手になんらかの効果をもたらす種類の動詞があります。

(2) a. I place the following order with you: （私は，貴社に下記の注文をします）

 b. We are sorry to inform you that we decline your request. （残念ながら，当社は貴社のご依頼をお断わりします）

(2a)「注文します」，(2b)「お断わりします」と発話することで，相手に「注文する」「断る」という行為をしていることになります。次の(3)も同様の例で，(3a)「受け入れる」，(3b)「オファーする」，(3c)「約束する」という行為を遂行しています。

(3) a. We accept your proposal. （当社は，貴社の申し込みを受け入れます）

 b. We offer you firm this item as follows: （当社は，貴社に下記の通りこの品目をファームオファーします）

　　　　c. We promise shipment within this month.（今月内の出荷を約
　　　　　束します）

「感謝する」(thank)，「注文する」(order) や「オファーする」(offer) のような「申し出」，「承諾する」(accept) や「拒絶する」(decline)，「約束する」(promise)，「依頼する」(ask; request) のような意味をもつ動詞がこのように使われます。

2．過去

動詞の過去形は過去の事実

　動詞を過去時制で使うと「過去の事実」であることを示します。(4a) の in December last year，(4b) の yesterday のような，過去を示す「時」の副詞表現と一緒に使われることが多いです。

　(4) a. In December last year, we received your letter on the supply of Zip Fasteners.（昨年12月に当社はファスナーの供給についてのお手紙を受け取りました）
　　　b. Our order No. BM32 arrived here yesterday.（当社のBM32号の注文品は，昨日こちらに到着しました）

　また，(4a) の「手紙を受け取った」(4b) の「注文品が到着した」ことは過去の事実です。このような過去時制は「現在時と切り離して」過去の出来事を見ています。この動詞の過去形と意味あいが違うのが，次の「助動詞の過去形」です。

助動詞の過去形は仮定 ―「もし」の気持ちを加味

　「依頼」の表現で will/can の過去形の would/could を使いました。

　(5) a. Would/Could you please ship our order as soon as possible?（当社の注文品をなるべく早く出荷してくれませんでしょうか/もらえませんでしょうか）
　　　b. We would be grateful if you would/could send us details of your new desk-top PC.（貴社の新しい卓上用パソコンの詳細を送ってくれれば/送ってもらえればありがたいのですが）

　この would/could は，仮定法過去の用法で，話し手の依頼の気持ちをそのまま言い切るのではなく，現実からやや遠ざけて「もし出来れば」という感じをその中に込めています。「欲求」の would like...,「勧め」の

would suggest... の would も同じ用法です。話し手の意見・願望を婉曲に表現しています。

 (6) a. We would like to call your attention to page 5 to page 7; you will find there details of the special features of our new home fax phone.（5ページから7ページにご注目していただきたいのですが，そこに当社の新しい家庭用ファックスフォンの特長の詳細をご覧いただけるでしょう）
  b. I would suggest that perhaps we should meet sometime next week.（来週のいつかお会いできればと思いますが）
  c. "Would Thursday morning be convenient for you?"（木曜日の朝ならば，ご都合はよいでしょうか）"That would be fine."（それならば，結構ですが）

(6c)では「木曜日の朝ならば」「それならば」のように，Thursday morning; That は would との組合せで仮定条件を表しています。もちろん "Is Thursday morning convenient for you?" "That is fine." でもよいわけですが，ともに表現が直接的となり，仮定法のもつ間接的な婉曲の含みがないことになります。次は「未来」です。

3．未来

未来は will ― 未来時を示すには will

未来時を示す代表的な助動詞の will です。

 (7) a. We will be able to ship these goods by the end of next month.（これらの商品を来月の終わりまでに出荷できるでしょう）
  b. Mr. Ishihara is away on a business trip, and will be back the day after tomorrow.（石原は，出張中で留守で，明後日に帰ってきます）

けれども，副詞節では次のように will は用いません。

副詞節では現在形

as soon as, before, until, when などで始まる副詞節の中では，未来の出来事であっても現在形を使います。

 (8) a. I will call you for an appointment as soon as I hear from you.（お便りをいただくとすぐに，電話をして予約します）

b. There will not be much time before we make shipment, so please give us shipping instructions by return fax. (出荷するまで，あまり時間がないので，折り返しファックスで出荷指図をお知らせください)

c. Would you please wait here until I finish this work? (この仕事を終えるまでここで待っていてもらえませんか)

確定したスケジュールには be scheduled to...

未来の出来事でも，確定したスケジュールを言及する時は，be scheduled to...(…する予定である)を用います。(9a)(9b)ともに，「フライトの到着/船の出港スケジュール」という確定した予定です。

(9) a. I am scheduled to arrive at Narita on Wednesday, February 25 on Flight No. SAS 642. (私は，2月25日(水曜日)にスカンジナビア航空642便で成田に着く予定です)

b. This vessel is scheduled to leave Yokohama seven days earlier than the Showa Maru. (この船は，昭和丸よりも7日早く横浜を出港する予定です)

be going to... は意図と判断

主語によって，「意図」か「判断」かの意味が異なります。

(10) a. We are going to discuss the possibility of a contract of agency with the company. (当社はあの会社と代理店契約の可能性について話し合うつもりです) [意図]

b. The U.S. stock market is going to improve. (米国株式市場は立ち直るものと思う) [判断]

主語が I/we であれば「…を話し合うつもりである」と，ある行為をしようとする「意図」を示し，主語が I/we でない場合は，状況から判断して「米国の株式市場は，立ち直りそうだ」という状況が近い将来起こりそうだという話者の「判断」を示す時に使われます。

4．現在完了

現在との関連で見ると現在完了形

(11) a. We have studied your price list of March 18 and place the

following order with you.（当社は，3月18日付けの値段表を検討しました。それで，貴社に下記の注文をします）

b. There has been a rush of orders from EU countries for this model.（このモデルにたいしてEU諸国から注文が殺到してきています）

　(11a)の「検討した」のようにある動作をしたとか，(11b)の「注文の殺到」という状態が過去のある時から現在まで続いている，という場合に現在完了を使います。つまり，過去にした動作や過去に起こった状態を，「現在との関連」でとらえるのが現在完了です。これを現在と切り離してとらえて表現すると，過去時制になります。

継続には現在完了進行形

　過去に始めた動作が現在まで続いており，さらにこれからも継続するという場合には，現在完了進行形が使われることになります。

(12) Since 1990 we have been exporting these items to the U.S., and are now trying to expand our market to your country.（1990年以来，当社はこれらの品目を米国に輸出してきていますが，今，当社の市場を貴国に拡げるよう努力しています）

　1990年から，これを発話する時点まで，その品目の輸出は続いており，その輸出がそれからも継続していく，ということを示しています。

5．現在進行形と未来進行形

現在進行中の動作は現在進行形

　現在進行形のもとの意味は「今，ある動作が行われている」ということです。

(13) a. I'm sorry, but Mr. Kaneda is talking on another line now.（せっかくですが，金田はただ今ほかの電話で話し中です）

b. We have heard from our bank, The Sakura Bank that you are looking for electronic scales.（当社の取引銀行であるさくら銀行から，貴社が電子はかりを求めておられることを伺いました）

　(13a)は「今ほかの電話で話している」(13b)は「今求めている」という現在時(今)において進行している動作を示しています。進行形は，この

使い方が中心ですが，このほかに，ビジネスでよく使われるものを2つあげておきましょう。

往来，発着の動詞の進行形は近接未来

　往来，発着の動詞，例えばcome, go, leave, start, arrive, sendなどの現在進行形は，近接未来を表す場合があります。ただ，進行中の事柄を表す場合もあるので(14)のようにshortly, tomorrowのような未来時を示す副詞とともに用いたほうがよいでしょう。

　　(14) a. We are sending you the documents shortly by separate post.（別便でその書類を近くお送りします）
　　　　 b. The goods are arriving at the warehouse tomorrow.（その商品は明日その倉庫に到着します）

希望・期待の動詞の進行形はためらいの気持ち

　hope, look forward to は，I am hoping...; We are looking forward to... のように，進行形でも使われます。Stage I, Unit 2「期待」でもふれた通り，話し手の気持ちが込められた表現で，パーソナルレターで相手に親しく話しかける時に使います。フォーマルな言い方では，単純現在形になります。

未来進行形は当然のこととして実現する事柄

　未来進行形は，すでに予定されている未来の出来事が，その予定通りに実現するということを伝える場合によく用いられます。

　　(15) a. Mr. Amos will be spending several days in Hakata.（エイモス氏は博多に数日間滞在することになっています）
　　　　 b. We will be stopping at Kyoto and Nagoya stations before attiving at Tokyo terminal.（当列車は，終着駅の東京に到着するまでに，京都駅と名古屋駅に停車することになっています）

ともに，「博多で数日過ごす」「新幹線の列車が京都駅と名古屋駅に停車する」ことは，当然のこととして実現するということを聞き手にはっきり示しています。この(15b)は，新幹線の車内放送ですが，京都駅が近づくと次のように「まもなく京都に一時停車します」との案内があります。

　　(16) We will soon make a brief stop at Kyoto.（当列車は，まもなく京都に一時停車します）

ここでは，未来進行形でなく We will make... です。(15b)では，列車が新大阪を離れてすぐの案内で，京都と名古屋に予定通りに止まるということを伝えるためには未来進行形がぴったりの表現になります。けれども，京都駅が近づいて「まもなく京都駅に一時停車します」というには，(16)のように「列車を止めます」という意志を示す言い方が適切になります。なお，この案内の we は「その列車」を示しています。未来進行形の例をもう少しあげておきます。

(17) a. I will be visiting Germany and Italy as leader of the Small Business Study Team during late July. （私は，7月下旬に小企業調査団長としてドイツとイタリアを訪問することになっています）

b. Our secretary will be writing to you very soon to give you all the details of your homestay. （当校の秘書が，あなたのホームステイの詳細すべてをお知らせするためにまもなくお便りをすることになっています）

[**GAP-FILLING EXERCISES** (13)]
(1) We _____ that we have _____ a single room at The Hotel New Otani for the nights of the 23rd and the 24th this month. （今月の23日と24日の晩，ホテルニューオータニでシングル・ルームを予約したことを確認します）
(2) I have _____ the samples by airmail and we _____ now actively showing your sprayers in the Canadian market. （航空便でその見本を受け取りました。それで，当社は，今カナダ市場で貴社の噴霧器を積極的に紹介しています）
(3) We have _____ working with several companies to introduce your pumps; in fact, we are _____ to one company which would use about 750,000 units per year. （貴社のポンプを紹介するために，当社はいくつかの会社と協力して努力しています。事実，1年につき約75万個使うであろう会社に話をしています）
(4) We are _____ to ship your order on board the Taiyou Maru. This vessel is _____ to leave Yokohama for Los Angeles on May 31. （当社は，今，大洋丸にご注文品を船積みする手配をしています。この船は5月31日にロスアンゼルスに向けて横浜を出港する予定です）
(5) I will _____ traveling overseas early next year and _____ very much like to visit Japan in late January. （私は来年早々に海外旅行をすることになっ

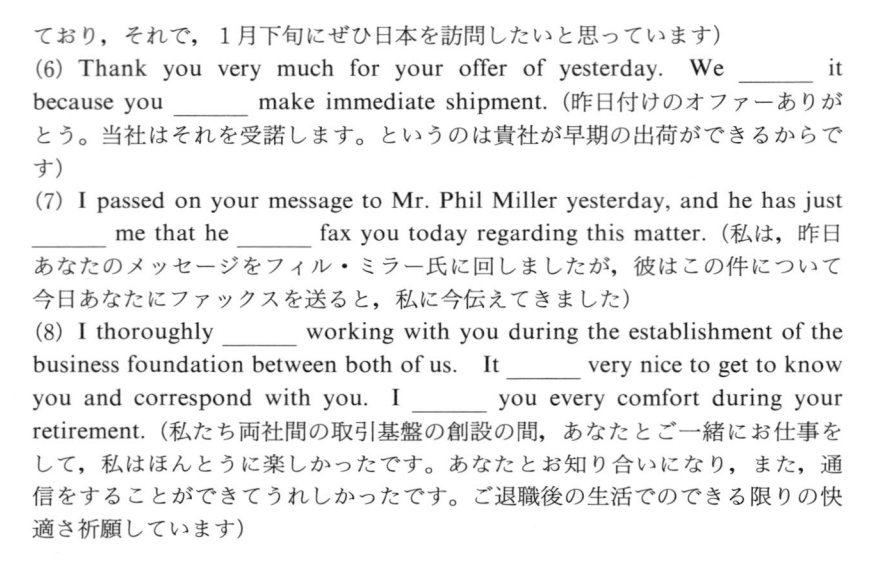

ており，それで，1月下旬にぜひ日本を訪問したいと思っています)
(6) Thank you very much for your offer of yesterday. We _____ it because you _____ make immediate shipment. (昨日付けのオファーありがとう。当社はそれを受諾します。というのは貴社が早期の出荷ができるからです)
(7) I passed on your message to Mr. Phil Miller yesterday, and he has just _____ me that he _____ fax you today regarding this matter. (私は，昨日あなたのメッセージをフィル・ミラー氏に回しましたが，彼はこの件について今日あなたにファックスを送ると，私に今伝えてきました)
(8) I thoroughly _____ working with you during the establishment of the business foundation between both of us. It _____ very nice to get to know you and correspond with you. I _____ you every comfort during your retirement. (私たち両社間の取引基盤の創設の間，あなたとご一緒にお仕事をして，私はほんとうに楽しかったです。あなたとお知り合いになり，また，通信をすることができてうれしかったです。ご退職後の生活でのできる限りの快適さ祈願しています)

Unit 2　関係代名詞と分詞による修飾

　ここでは，「目的格の関係代名詞」と「現在分詞・過去分詞」による修飾を見ます。日本語で，ある名詞表現に修飾表現として情報を付け加える時に，その修飾表現は原則として名詞表現の前に置かれる前置修飾になります。英語ではどうでしょうか。例えば a new product のように，形容詞(new)を名詞(product)の前に置いて，その名詞の「製品」に「新しい」という情報を付け加えます。a company profile も同様で，名詞の company が profile を前置修飾しています。ここまでは，日本語と同じですが，英語では，このような前置修飾とあわせて，後置修飾がよく使われます。例えば，your letter of August 12 では，前置詞句の of August 12 が後ろから your letter を修飾していますし，もっと代表的な後置修飾は，節のかたちで名詞(先行詞)を後ろから修飾する関係代名詞節・関係副詞節があります。分詞修飾も同様です。ここでは，その中の「目的格の関係代名詞」と「現在分詞・過去分詞」による後置修飾を見ましょう。

1. 目的格の関係代名詞 — which と who(m)

例えば「当社が必要とする商品」という表現を考えましょう。初めに「当社はその商品を必要とします(We require the goods.)」という文があり，その中で目的語である「商品(the goods)」を先行詞として「当社が必要とする」という情報を節のかたちで後ろに付け加え，修飾すると考えます。次のようになります。

(1) We require the goods.（当社はその商品を必要とします）
→ the goods ＋ we require → the goods ［which］ we require
（当社が必要とする商品）

この場合 goods は，require の目的語で「もの」であることから，関係代名詞は目的格の which になります。ただ，目的格の関係代名詞は，インフォーマルな用法では省略される傾向にあります。また，次のように「人」についていう場合には，who(m) になります。（ここでは先行詞が「もの」は which，「人」は who/whom にします。口語では，このような使い分けを避けようとして that を使う傾向にあります）

(2) I saw the man there.（私はそこでその男性を見ました）
→ the man ＋ I saw there → the man ［who(m)］ I saw there
（私がそこで見た男性）

先行詞が「人」で目的格の場合，以前は whom が用いられましたが，今では who がよく使われています。次に主格関係代名詞を見ますが，その省略を考えながら，さりげなく使われている現在分詞，過去分詞の修飾用法を理解しましょう。

2. -ing（現在分詞）と -ed（過去分詞）による後置修飾

主格関係代名詞 ＋ be を省略 — 現在分詞の利用

まず，主格関係代名詞節を見ながら考えましょう。

(3) Do you know the woman who is talking to Mr. Summers?
→ Do you know the woman talking to Mr. Summers?（サマーズ氏と話をしている女性を知っていますか）

この ...the woman who is talking to Mr. Summers? は，talking という現在分詞の修飾機能を利用すれば，who is（主格関係代名詞 ＋ be）を省略し，...the woman talking to Mr. Summers? とすることができます。

つまり，[先行詞 ＋ 主格関係代名詞 ＋ be ＋ 現在分詞…] の場合は，「主格関係代名詞 ＋ be」を省略し，現在分詞を利用することができます。もう1つ例をあげます。

(4) The gentleman (who is) sitting over there is our section manager.
→ The gentleman sitting over there is our section manager.（あそこに座っている男性は私たちの課長です）

[先行詞 ＋ 主格関係代名詞 ＋ be ＋ 現在分詞…] となっていない場合を考えましょう。

主格関係代名詞を省略 ― 動詞を現在分詞に

(5) We enclose a list which shows the items we require.
→ We enclose a list showing the items we require.（当社が必要とする品目を示す表を同封します）

ここでは，…a list which shows the items… と主格関係代名詞の which に続く動詞の shows を現在分詞の showing に変えて a list を修飾させるようにしています。つまり [先行詞 ＋ 主格関係代名詞 ＋ 動詞…] では，動詞を -ing 形(現在分詞)にして，主格関係代名詞を省略しようとします。同様の例を見ましょう。

(6) the clerk who takes care of this matter
→ the clerk taking care of this matter（この件を担当している事務員）

次は，過去分詞の修飾用法を「主格関係代名詞 ＋ be」の省略という見方から考えます。

主格関係代名詞 ＋ be の省略 ― 過去分詞の利用

次の関係代名詞節を見ると，理解できます。

(7) a. You will be interested in the model (which is) shown in this brochure.
→ You will be interested in the model shown in this brochure.（このパンフレットの中に示されているモデルに興味をもたれるでしょう）
b. We will send you new patterns (which are) designed for young people.

→ We will send you new patterns designed for young people.
　　（若者向けにデザインされた新しい柄を貴社にお送りします）
　which is/are（主格関係代名詞 ＋ be）を省略し，それに続く過去分詞のshown/designed の修飾機能を利用しています。これから，［先行詞 ＋ 主格関係代名詞 ＋ be ＋ 過去分詞…］では「主格関係代名詞 ＋ be」が省略できる，ということになります。

分詞修飾に慣れよう
　関係代名詞を使うことは，文の中に関係代名詞節という文をインプットすることになり，ある意味でその文を複雑にしていることになります。事実，関係代名詞節を含む文を「複文」（complex sentence）と呼んでいますが，その主格関係代名詞を省略し分詞修飾を利用することは，関係代名詞節を句（phrase）にすることによって，その文を単純化するという効果があることになります。けれども，常に主格関係代名詞は分詞修飾に転換するほうがよい，というわけでもありません。前後関係から，また，修飾される先行詞のその文の中での位置づけなどによって判断されていくことになり，多分に書き手の判断や好みが入ってくることにもなります。主格関係代名詞を使用するか，あるいは，それを省略して分詞修飾を利用するかの２つの可能性を考えながら分詞修飾に慣れるようにしましょう。

[**GAP-FILLING EXERCISES** (14)]
(1) 空所に適切な目的格の関係代名詞を書き入れなさい。
　1) the hotel _____ you recommended（あなたが勧めたホテル）
　2) the secretary _____ I met（私が会った秘書）
(2) 空所に適切な現在分詞を書き入れなさい。
　1) the receptionist _____ with a visitor（訪問客と話をしている受付の人）
　2) your letter _____ the photos（写真を同封しているお手紙）
(3) 空所に適切な過去分詞を書き入れなさい。
　1) the goods _____ from Canada last month（先月カナダから輸入された商品）
　2) your kindness _____ to me（私にさしのべられたご親切）（さしのべる：extend）
(4) We have received your letter of October 7 _____ us to reconsider our price structure.（当社の価格体系を再考してほしいとのご依頼の10月7日付のお手紙を受け取りました）

(5) Because of a large order _____ we have recently received, the earliest possible shipment _____ we can promise is mid-October. (当社が最近受けた大きい注文のため，お約束できる可能な限りもっとも早い出荷は10月中旬です)
(6) Thank you very much for your fax of February 15, 200X _____ us that you are interested in our import business. (貴社が当社の輸入業務にご興味があるということをお知らせいただいた，200X年2月15日付けのファックスありがとうございました)
(7) Thank you very much for a great deal of hospitality _____ to us during our recent _____ to your city. After about a two-week trip to California, we _____ to Japan without any trouble. (最近の貴市への訪問の間，私たちに差し伸べられた多くのおもてなし，ありがとうございました。私たちはカリフォルニアへの約2週間の旅の後，なにもトラブルもなく日本に帰ってまいりました)
(8) As we mentioned in our fax of November 6 _____ from the hotel _____ we stayed in Boston, we _____ herewith A type and B type specfications for your further evaluation. (私たちがボストンで滞在したホテルから送られた11月6日付けのファックスの中で申し上げましたように，一層のご検討をいただくために，AタイプとBタイプの仕様書をここに添付いたします)

Unit 3　文/節と文/節の接続

　ここでは，文(sentence)あるいは節(clause)と文あるいは節を結びつける代表的な接続詞(conjunction)である and, but, as/since, although/though, ifなどを，また，接続の副詞をとりあげます。このような「接続詞」「接続の副詞」は，文/節と文/節との論理的な接続を意味の上から，明確に知らせてくれる「結束性」の役割を持つものです。まず，接続詞の代表的な and と but から見ることにします。(ここで文/節としたのは，2つの文を接続詞でつないで1つの大きな文を作った時，初めの2つの文は大きな文の中で部分となってそれぞれ「節」となる，ということで，以下では「文」という時，初めの「文」をさすことにします)

1. and と but

and のいろいろ ―「それから」「だから」「それに」「そうすれば」

(1) a. Mr. Suzuki will pick you up at Narita and take you to The Hotel New Otani. (鈴木があなたを成田へ出迎えて，それで，ホテルニューオータニへお連れします)

b. We need the goods by February 15, and we ask you to ship them as soon as possible. (当社は，その商品を2月15日までに必要とします。それで，なるべく早く出荷していただくようお願いします)

前後の文を結びつけている2つの and を「それで」と訳しても通用しますが，その意味内容はすこし違います。(1a)では「空港へ出迎えに行って，それからホテルへ連れていく」ということで，時間的な前後関係を示す (and) then (それから) の意味です。(1b)では「商品を必要としているので，なるべく早く出荷してほしい」という結果を示す (and) so (だから) の意味になります。この文と文を結びつける and は，固定した具体的な意味を持たずに前後の2つの文を結びつけ，その2つの文の意味の流れによって and の意味合いが決められてくることになります。(2)の and はどんな意味でしょうか。

(2) a. We look forward to meeting you in August, and hope that you will enjoy your time in Oxford. (当校は，8月にあなたにお目にかかれるのを心待ちにしておりますし，また，オックスフォードでの時を楽しまれるよう望んでいます)

b. Please let us know your mailing address, and we will send you our brochure. (あなたの郵送先の住所をお知らせください。そうすれば，当社のパンフレットをお送りします)

(2a)は，and also (それに，また) で情報の「追加」を表し，(2b)は「命令形，and...(平叙文)」の構文で「そうすれば」の意味になります。

but は，「しかし」

but は前文と後文とが対立関係にあることを示し，「しかし，けれども」の意味です。

(3) We can ship most of the items in end-July, but we regret that we cannot supply Items No.2-AB & No.3-BC before mid-August.

(当社は，ほとんどの品目を 7 月下旬に出荷できますが，残念ながら，No. 2-AB と No.3-BC の品目は，8 月中旬以前には供給できません)

　and や but は，前後の文を「対等に」結びつけることから「等位接続詞」(coordinate conjunction)」と呼ばれます。次に見る「従位接続詞」(subordinate conjunction) は，2 つの文を「対等に」とらえるのではなく主従の関係で結びつけることになります。ここでは，as/since, although, if を見ます。

2．as/since...; although/though... と if...

as/since... と although/though... —「…だから」と「…であるが」
- (4) a. As/Since this item is in stock, we can dispatch it to you right away.（この品目は在庫にあるので，すぐに発送できます）
  b. Although/Though this article is a little higher in price, it is much better in quality.（この商品は値段がすこし高いですが，品質はずっとよいです）

　as/since... は，「…だから/であるので」という原因・理由を示し，「事実や分かり切った原因・理由をのべる時」に使用されます。although/though... は，「…であるが/…であるけれども」のように，意味的に対立関係にあることを示し，書き言葉では although... がよく使われます。この as/since... や although/though... に導かれる文はふつう文頭にくることが多く，次に続く文にたいし従属の関係を示す従位接続詞です。この (4a) と (4b) は，and や but を使って，次のように書くこともできます。
- (5) a. This item is in stock, and (so) we can dispatch it to you right away.
  b. This article is a little higher in price, but it is much better in quality.

　どちらを書くかは，書き手の判断によります。Since/As... や Although/Though... などで導かれる文は，従属的に原因・理由や対立を伝えながら，それに続く主文が情報のポイントになります。これに対し (5a) (5b) のように ..., and... や ..., but... を使う接続は前後の 2 つの文を対等にとらえて，順次，相手に情報を伝えていきます。つまり，相手に伝えようとする情報をどのように提示するかの判断によっていずれを使うかを決

めます。

「もし…ならば」の if ── 仮定・条件に，依頼に

この if に導かれる文も，ふつうは文頭で使われるので，聞き手・読み手には，すぐに「仮定・条件」であることが理解できます。この if... も従属接続詞です。

(6) a. If your prices are reasonable, we will place an order with you. (貴社の値段が手頃ならば，当社は貴社に注文します)

b. If you cannot wait until then, we can recommend this item instead. (その時まで貴社がお待ちになれないならば，代わりにこの品目をお勧めすることができます)

if-節に続く主節の動詞の前には，ふつう will や can のような助動詞が使われます。if-節で「仮定・条件」を述べているので「そのような仮定・条件が実現すれば…となるでしょう/できます」ということになり，そこに助動詞が必要になります。この if-節は依頼の構文にも使われていました。

(7) We would be grateful if you could get us in touch with manufacturers of these goods in your city. (これらの商品の貴市のメーカーに渡りをつけていただければありがたいのですが)

依頼表現で if-節は，ふつう，後置されます。依頼表現の中心は依頼する内容にあり，それが if-節の中に述べられているので後置し，相手に訴えようとしています。

「…かどうか」の if... ── 間接疑問

同じ if でも「かどうか」の意味で間接疑問に使われる場合があります。

(8) a. Can you accept mail orders from Japan? (日本からの郵便注文を引き受けることができますか)

b. I would like to know if you can accept mail orders from Japan. (日本からの郵便注文を引き受けることができるかどうかを知りたいのですが)

(8a) と (8b) は，尋ね方が少し違います。Can you accept...? は，直接的に疑問の形で問いかけていますが，I would like to know if you can accept... は「…であるかどうかを知りたいのですが」と間接的に尋ねています。それぞれ「直接疑問」「間接疑問」と呼ばれ，ビジネスでは，間接

疑問のほうがよく使われています。直接疑問は，相手に応答を直接的に求める含みがあるので，同じことを尋ねるにしても，その応答の求め方が比較的にソフトである間接疑問を利用することになります。

この「…かどうか」の意味の if は，whether に置き換えることができますが，if のほうが口語的です（正式には，あくまで whether であるとこだわる向きもあります）。「…かどうか」ということから if/whether... or not のように覚えましたが，ビジネスでは or not は，省略します。相手に尋ねるときに，否定的な応答を期待することはありえないので，or not をつけないのです。次も間接疑問の例です。

(9) a. Please let us know when you can make shipment.（いつ出荷できるかをお知らせください）

b. Please tell us what price you have in mind.（どのくらいの値段をお考えかお知らせください）

直接疑問を間接疑問にするには，応答に yes/no を求める疑問文であれば if/whether を使い，wh-疑問文（what, when, where, which, who などで始まるものや how で始まる疑問文）では，その疑問詞をそのまま接続的に使うことができます。間接疑問を始める表現として I/We would like to know...; Please let me/us know...; Could you please tell me/us...? などのように「知りたい／お知らせください」などの表現を用います。

3．because の使い方

because は原因・理由

because も従属接続詞です。

(10) We regret that we cannot supply this item because it is now out of production.（残念ですが，この品目を供給することができません。というのは，その品目は，今，製造されていないからです）

because... は，相手が全く知らないと思われるような原因・理由を伝える時に使います。従って because 節は，ふつう文頭に出ることは少ないです。同じ「原因・理由」を示す as/since 節は，相手もすでに知っているような事実や原因・理由を表す時に使われるので，because 節と違って，文頭にもってくるのが自然であることになります。通例，情報を伝える時，相手がすでに知っているような既知情報を先に伝え，それから，相手の知

らないような新しい情報を付け加えていく，つまり「既知情報から新情報へ」というのが，相手が理解しやすい伝え方であるからです。また because of... という表現もあります。

(11) Unfortunately, the goods are temporarily out of stock because of a rush of orders from the U.S. market.（あいにく，その商品は米国市場からの注文殺到のため，一時的に在庫がありません）

これは，「米国市場から注文が殺到している」という文レベルでも表現できる「原因」を「米国市場からの注文殺到」のように名詞化して，その原因に焦点をあてた英語固有の表現です。この because of... は，due to... に置き換えることができます。次は，接続の意味をもつ副詞を見ます。

4．接続の副詞

この「接続の副詞」は，意味の上で文と文を結びつけることができますが，機能的に「接続詞」のように使うことはできません。therefore と however を見ます。

therefore は「それゆえに」（結果）；however は「しかしながら」（逆接）

(12) a. We urgently need this item. Therefore, we would appreciate your prompt attention to this order.（当社はこの品目を早急に必要とします。それゆえに，この注文にたいし迅速なお手配をいただければ幸いですが）［...need this item; therefore, we would appreciate....］

b. The new product is more effective than the old one. However, the price is even lower.（その新製品は古いものよりも効率がよいのです。けれども，値段はいっそう安いのです）
［...more effective than the old one; however, the price is....］

このように，therefore/however は，「それゆえに/しかしながら」という接続の意味を付け加えて文と文を結びつけていますが，使い方は，続く文の文頭に置くか，あるいは，前文に続けてセミコロン［；］の後に置きます。ともに「副詞」ですので，文と文をつなぐ文法的な機能はなく，従って「接続詞」のように使うことはできません。接続の意味をもつ副詞の例をいくつかあげます。

［結果］therefore（それゆえに）；accordingly（従って）；as a result（結

果として）；under these circumstances（このような状況のもとで）

[逆接] however（しかしながら／それにもかかわらず）；on the other hand（他方では）

[例示] namely（つまり）；that is to say（すなわち）；in other words（言い換えれば）

[付加] also（そのうえ）；moreover（さらに）；besides（そのうえ）；in addition（さらに加えて）

接続詞の and/but を文頭に置くことは少ないものです。これは，and/but は，文法的な接続の機能を持っているものの，意味の上で文/節をつないでいく機能は比較的に弱いからです。この点，接続の副詞は，文法的な接続機能はないけれども，意味の上ではっきりと文/節と文/節をつないでいく機能を持っています。結束性を強めるつなぎの表現である接続詞，接続の副詞のそれぞれの機能を適切に利用する心構えが大切です。

[**GAP-FILLING EXERCISES** (15)]

(1) The market here has been rather dull; _____, one of our customers will buy the whole amount _____ you can come down to US $ 98.00 per unit. (当地の市場はずっとかなり不振です，しかしながら，貴社が1台あたり98米ドルに下げることができれば，当社の顧客の1社が全量を買うでしょう)

(2) Thank you very much for your inquiry, _____ we would like you _____ contact the following corporation, our sole agent in your country： (お問い合せありがとうございます，けれども，当社は貴社に貴国での総代理店である下記の会社に連絡をとっていただきたいのですが)

(3) I would like to propose Monday afternoon for our meeting. _____, Tuesday morning will be available for further discussion _____ this is necessary. (私たちの会合のために月曜日の午後を提案したいのですが，その上，火曜日の朝も，もし必要ならば，更に話し合うために利用できるでしょう)

(4) We are greatly interested in your Digital Thermometers, _____ would like you to send us a price list and details of your export terms. (当社は，貴社のデジタル体温計に大いに興味をもっています。それで，価格表と輸出条件の詳細をお送りいただければありがたいのですが)

(5) _____ this is our first business with you, we ask you to make payment in advance by T.T.（これは，当社の貴社とのはじめてのビジネスですので，電信送金で前払いでお支払いくださるようお願いします）
(6) We are scheduled to arrive at Kyoto at 1:25 by Shinkansen, _____ we have several meetings to attend until 5:00 p.m. _____ will probably check in at the hotel at about 6:00.（私たちは新幹線で京都に午後1時25分に着く予定ですが，午後5時まで出席すべきいくつかのミーティングがあり，それで，おそらく午後6時ごろにホテルにチェックインするでしょう）
(7) We regret that we cannot accept your offer on these terms; in _____ , the same quality is _____ through another channel at a lower price.（残念ながら貴社のオファーをこれらの条件でお受けすることはできません。事実，同質のものがほかの経路を通じてより安い値段で入手できます）
(8) We would like to know _____ your requirements include the following products:（貴社の必要品が次のような製品を含んでいるかどうかを知りたいのですが）

Unit 4 「ところ」と「時」の前置詞

　前置詞は，もとは「ところ」を表すために使われ，そこから別の用法が出てきました。代表的な「ところ」（place）の前置詞である at, in, on を中心に考え，次にそれがどのように「時」（time）の前置詞に使用されているか，さらにどのように意味が広がっていくのかを見ることにしましょう。

1．「ところ」の前置詞：at, in, on, for

at は「点」

　at は，空港，駅，ホテル，建物，住所，電話番号など，話し手が「場所」の「1点」を感じているところを示します。
　　(1) a. I will pick you up at the hotel.（私がホテルへ車でお迎えにあがります）
　　　　b. Sue lives at 59 Carter Street.（スーは，カーターストリート59

番に住んでいます）

c. Please call me at 3968-3277.（3968-3277の私にお電話ください）

同様に，at the trade fair.（見本市で）；at our warehouse（当社の倉庫で）；at our headquarter office（当社の本社で）などがあります。もっとも「ホテルの中で」「倉庫の中で」のように「広がりを感じとりその中で」という場合には，次の(2)の意味で in the hotel; in the warehouse になります。

in は「中」

「…の中に」が in で，ある人/ものが「中」に入っていることを示します。

(2) a. Lynn lives in Italy.（リンはイタリアに住んでいます）
b. Ann has a law office in the city.（アンは，市内に法律事務所を持っています）
c. Graf works in the general affairs department of USC Corporation.（グラフは，USC 株式会社の総務部で働いています）

(2a)ではリンはイタリアの中に住んでおり，(2b)では法律事務所は市内にあり，(2c)ではグラフは総務部の中で働いています。

on は「接触」

「…の上」の on は「面」を意識し，それに接触していることが必要です。次の(3a)がページ，(3b)が書式，(3c)が船上を示し，それぞれ「面」に接触しています。

(3) a. You will find the features of this item on page 15.（15ページにこの品目の特長をご覧いただけるでしょう）
b. Please let us know your requirements on the enclosed form.（ご入用の品を同封の書式でお知らせください）
c. Your order has been shipped on the Taiyo Maru.（ご注文品は，大洋丸で出荷されました）

on Flight No. BA 7（航空機便）；on the 5th floor（階）；on the reverse（裏面）も同様です。この「ところ」を示す at, in, on が「時」を示す前置詞にも使われます。

2.「ところ」から「時」の前置詞へ

時の at, in, on

at, in, on が「時」を示すために使われると, at は「場所の1点」から「時の1点, 時刻 (clock time)」を示すように用いられ, in は「…の中に」の意味から「月 (month), 年 (year)」の前に, さらには時間的経過 (…のうちに, …たてば) を示し, on は「日 (day)」「特定の日の朝夕」に, また「…するとすぐに」の意味で使われます。

(4) a. at ＋ clock time (時刻): at 7 o'clock
 b. in ＋ parts of the day (朝昼夕): in the morning/afternoon/evening
  in ＋ months and years (年月): in January; in 2003
 c. on ＋ days of the week (曜日, 特定の日の朝夕など): on Monday; on the morning of May 1
  on ＋ dates (ある特定の日): on August 15
 d. in ＋ (時の長さ, 期間): in 30 minutes (30分後に); in two weeks (2週間経過して)

けれども, このような「時」の前置詞が次のように省略される場合もあります。

- this; last; next; every などが (4b) (4c) の「時」の語句の前に置かれる時: 例えば this morning; last year; next week; every month など。
- yesterday; tomorrow で始まる句: 例えば yesterday afternoon; tomorrow morning など。

この接触を示す場所の前置詞の on が「…するとすぐに」という「時」を示す意味で使われます。「ある動作・状態に接触するとすぐに他の動作が起こる」ということになり, この場合 upon がよく使われます。

(5) Upon/On checking, we noticed some difference in the list. (チェックしたところ, その表の中に違いがあることに気づきました)

for は「期間」

leave〈出発地〉for〈目的地〉で見たように, for は「方向」を示す前置詞として用いられますが, この for が「時」の前置詞になって「期間」の意味で使われます。

(6) The market has been dull for three months. (市場は3か月間不振

です)

for three months(＝for a period of three months)は「3か月という期間にわたって」を意味します。

以上のように「ところ」を示す前置詞が「時」の前置詞にも使われるようになり，さらに，それぞれ意味の広がりをみせてきます。

3．at, in, on, for の意味の広がり

at：

ビジネスによく使われるものを見ましょう。

(7) a. We offer you this article at the special price.（この商品を特別価格で貴社にオファーします）
 b. This item is available at US＄5.00 per set.（この品目はセットあたり5.00米ドルで手に入ります）
 c. Please remit this payment to our account with Citibank, Umeda office in Yen at a rate of US＄1.00 ＝ JPY115.50.（この支払いを1.00米ドル ＝ 115日本円50銭のレートで当社の口座へご送金ください）

(7a)では，「旧値段で」(at the old price)のように「ところ」を示す at が比喩的に「値段」の前に使われる例で，(7b)では「単価」(unit price)を示す場合，(7c)は「レート」という「比率」を示します。

in：

(8) a. The goods we received are not equal to the sample in quality.（当社が受け取った商品は品質の点では，見本と同じではありません）
 b. The booklet explains it to you in detail.（その小冊子がそれについて詳しく説明しています）
 c. We trust that your goods will reach you in good condition.（貴社の商品が良好な状態で貴社のもとへ着くものと信じています）

(8a)の in quality は「関連」を示し「品質の点で」，(8b)の in detail は「詳しく」という「様態」を，(8c)の in good condition は「状態」を示す in です。(7c)の in Yen (in the Japanese Yen とも言う)の in は「円で」という「手段」を示します。

on：

(9) a. Some of our staff members will be visiting your city on business early next month. (当社の社員の数名が，来月早々に商用で貴市を訪問することになっています)

b. Please let us know if you can supply these items on the following terms: (下記の条件でこれらの品目を供給できるかどうかをお知らせください)

c. Congratulations on your success! (ご成功おめでとう)

d. He is talking on another line. (彼は別の電話で話し中です)

(9a)の on business は「従事して」の意味, on the job(仕事中)：on duty(勤務中)も同類です。(9b)の on the following terms は「…に基づいて」の意味, (9c)の on your success は「…に関して」の on です。on television(テレビで)；on the telephone(電話で)；on the fax(ファックスで)は, 電気通信関係の「手段」を示す on です。これらは, 接触を示す on の意味の広がりです。

for：

(10) a. I was delighted to meet you for dinner. (私はあなたにお目にかかり, お食事ができてうれしかったです)

b. Thank you very much for your order for optical frames. (眼鏡用フレームにたいするご注文ありがとうございました)

c. We have received your check for US $ 5,450.00 as our commission for the first half of 200X. (200X 年上半期の当社の手数料として, 5,450.00米ドルの小切手を受け取りました)

for は「方向」を示すことから(10a)のように「目的」の意味に拡張され, それから「追求, 要求」を意味するようになり, さらに「交換」「理由, 原因」などに使われます。(10a)の for dinner は「ディナーのために」という「目的」を表し, (10b)の Thank you very much for... の for は「原因, 理由」を, (10b)の your order for... は「追求, 要求」の対象を表します。(10c)の your check for(金額)は「交換」を意味し, for the first half... は「期間」を示す for です。次に, by, of, with を簡単に見ましょう。

4．by, of, with の意味の広がり

by：	[接近]（…のすぐそばに）	: a tree by the house(家のすぐそばの木)
	[通過]（…を通って）	: walk by the postbox.(郵便ポストのそばを歩いて通る)
	[時の限界]（…までに）	: by end-February(2月末までに)
	[差異]（…だけ/の差で）	: increase the price by $3(値段を3ドル上げる)
	[運転・伝達様式]（…で）	: by plane(航空機で); by e-mail(eメールで)
	[手段・方法]（…で）	: by phone(電話で); by credit card(クレジットカードで)
	[動作主]（…によって/よる）	: a novel by Tolstoy(トルストイの小説)
of：	[分離]（…から離れて）	: free of charge(無料で)
	[根源・所属]（…からの/出の）	: the President of the U.S.(アメリカ大統領); the employees of the company(その会社の従業員)
	[部分]（…の中の）	: many of the students(その学生の中の多くの学生)
	[単位]（ある数/量の）	: a cup of tea(ティー1杯)
	[所有]（...を所有している）	: a friend of mine(私の友人)
	[関連]（…についての）	: a story of a princess(あるプリンセスの物語)
	[記述]（…の性質を有する）	: a man of courage(勇気のある人)
	[同格]（…という）	: your gift of wine(ワインの贈り物)
with：	[接近]（…のそばに）	: with the wall(その壁のそばに/で)
	[同時]（…と同時に）	: with age(歳とともに)

[同伴]（…と共に） : talk with Mary(メアリーと話す)；stay with him(彼のところに滞在する)
[所属]（…に属する） : an account with the bank(その銀行の口座)
[所有]（…を所有する） : employees with ten years' service(10年勤務している従業員)
[様態]（…をもって/で） : with pleasure(喜んで)；with ease(容易に)
[道具]（…で） : with a knife(ナイフで)
[原因]（…が原因で） : be in bed with a fever(熱があって寝ている)
[関係]（…と） : deal with the company(その会社と取引をする)
[対象]（…にたいして） : be popular with customers(顧客に人気がある)
[関連]（…に関して/について） : All right with me.(私には異存はありません)

　このように，前置詞は，「場所」で使われた根源的な意味をふまえて「時」にも使われ，さらにその意味が「状態」「様態」「状況」「原因・理由」などにも広がっていくことになります。このように考えることによって，前置詞の理解を深めることができます。

[GAP-FILLING EXERCISES (16)]

(1) These goods are available _____ stock and can be dispatched _____ receipt of payment _____ advance.（これらの商品は在庫から入手できますので，前払いを受け取り次第発送できます）

(2) Thank you very much _____ your order _____ March 12 _____ 50 units _____ Motor Bicycle MB-07.（モーターバイク MB-07 の50台の3月12日付けのご注文ありがとうございました）

(3) _____ payment for the catalogue which we sent you, we enclose a bill _____ US＄15.00.（あなたにお送りしたカタログ代金の支払いとして15.00米ドルの請求書を同封いたします）

(4) If you should need to contact me _____ the future, I can be reached _____ e-mail _____ tanda@heiann-gu.ac.jp.（万一これから私に連絡する必

要がありましたら，Eメールで tanda@heiann-gu.ac.jp. で連絡できます)
(5) I am sure that you will continue to do well _____ your new position, and I send you my best wishes _____ the future.（新しい職務でも引き続き立派にやっていかれると確信し，これからのお幸せを祈っています）
(6) The monthly meeting will be held according to the attached schedule. If you have any other agenda, please let me know _____ May 25 _____ the latest.（月例会議は添付のスケジュールに従って開かれます。もしなにかほかに議案があれば，遅くとも5月25日までにお知らせください）
(7) The demand _____ this kind _____ goods is very strong _____ our market, and we will place large orders _____ you if you can quote us competitive prices.（この種の商品にたいする需要は当方の市場でたいへん強いので，もし貴社が他社に負けない値段を見積もることができるなら貴社に多量の注文をします）

　　[注] We have placed a new product on the market.（当社は新製品を発売しました）「発売する」のように「市場で売りに出されて(available for sale)」という意味では，on the market となる。「売りに出されて」というには，「市場」という「場所」よりも「販売」という市場の機能が感じ取られ，あることが存在しているという状態を示す on が使われる。

(8) We are terribly sorry _____ this unfortunate delay _____ shipment. _____ fact, it was unavoidable _____ these circumstances.（このたびの不運な出荷の遅れにたいしましことに申しわけありません。事実，このような状況のもとでは避けられなかったのです）

[READING EXERCISES]

ここでは，この STAGE で復習したポイントが使われている文の意味的な集まりであるパラグラフを見ることにします。イタリック体の部分に目を向けてください。

(1) クリスマス休暇後に友人に宛てたレターの始めのあいさつ

> I hope that your new year holiday *has been* comfortable and refreshing. *Did* you enjoy your travel and visit to your family's home? Here *in* New York we had a huge amount of snow yesterday, *but* the weather *is* very beautiful today.

　　[大意]「あなたの新年の休日が快適で，また，さわやかなものであったことを望んでいます。ご家族のお宅への旅とご訪問を楽しまれましたか。ここニューヨークでは，昨日は大雪でしたが，今日は全く快晴です」

- comfortable「快適な」
- refreshing「さわやかな，元気づける」
- a huge amount of snow「大量の雪」
- beautiful「(天気が)快晴である」

(2) 顧客のロンドン訪問についての打合せ

> *Thank* you very much *for* your letter *of* March 12 *about* your visit *to* London. *I would like to* meet with you *on* April 8 *at* 11:00 a.m., the date and time *which* you *mentioned*. *I would* recommend The Prince William Hotel, which is located about 100 meters away *from* our office.

[大意]「あなたのロンドンへのご訪問についての3月12日付けのお手紙ありがとう。あなたが言われた日時である4月8日午前11時にお目にかかりたいと思っています。私は，プリンスウイリアムホテルをお勧めしたいのですが，当ホテルは当社のオフィスから約100メートル離れたところにあります」

- mention...「…を言う，…を挙げる」
- recommend...「…を勧める」
- is located...「…に位置する」
- about 100 meters away from...「…から約100メートル離れて」

(3) 円相場について

> The U.S. dollar *was quoted at* 111.85 yen *at* 5 p.m. *on* Wednesday *in* London *for* the first time since February 4 *on* growing expectations *of* an early economic recovery *in* Japan.

[大意]「米ドルは日本における早い景気回復への高まる期待感に基づいて2月4日以来はじめて，ロンドンで水曜日午後5時に111円85銭をつけました」

- quote「値をつける」
- for the first time since...「…以来はじめて」
- on growing expectations of...「…の高まる期待感に基づいて」
- an economic recovery「景気回復」

(4) カナダでの製品キャンペーンのレポートの一部

> We are greatly interested *in* marketing your products here *in* Canada, and *have* already *introduced* the samples *passed* on *to* us *by* Mr. Tantino. Actually, some of our customers *have had* a very positive response to those sprayers.

［大意］「当社はカナダで貴社の製品を販売することに大変興味があり，タンティーノ氏によって回されてきた見本をすでに紹介しています。現実に当社の顧客の中には，それらの噴霧器にとても積極的な反応を示しました」

- market...「…を販売する」(＝sell)
- introduce...「…を紹介する」
- pass on to...「…に回す」
- have a very positive response to...「…にたいして非常に積極的な反応を示す」
- sprayer「噴霧器」

(5) ウェブサイトでの注文の督促

> *On* July 20 I *ordered* the software *by/via* your on-line shopping Web site, *but* have not yet *received* it. I guess that this *will* be perhaps *because of* a clerical error *on* your side, and *I would like you to* check your records right away.

［大意］「7月20日に貴社のオンラインショッピング・ウェブサイトでソフトウェアを貴社に注文しましたが，まだ受け取っていません。これは貴社側での事務的なエラーのためだと思いますが，貴社の記録をすぐに調べていただきたいのですが」

- by/via one's on-line shopping Web site「オンラインショッピング・ウエブサイトで」
- I guess that...「…であると推測する/思う」
- check one's records「記録を調べる」
- perhaps because of...「たぶん…のために」
- a clerical error「事務的なエラー」
- on your side「貴社の方では，そちらでは」(＝at your end)

STAGE IV

レター・ファックス・Eメール

体裁(スタイル)
　ここでは，通信手段としてのレター，ファックス，Eメールの実例を見ながら，それぞれの体裁(style)に慣れていくようにします。
　それぞれに適応した形式上の体裁に仕上げます。レターは，郵便で送りますから，便箋(letter paper)に必要事項とともに通信文を書き，封筒(envelope)に入れて発送します。ファックスは，電話回線を利用してファックスの機械でコピーのように相手先に通信文を送るので，カバーシートを付けたり，あるいは，通信文の用紙の上部に発信人，あて先などの必要事項を記します。また，パソコンを利用して送るEメールも，メッセージの前にそのような必要事項を記す箇所があります。
　このように，それぞれに体裁があり，約束どおりに仕上げるのも大切なことです。相手先に外見からも通信文を読みやすくします。

文から文章へ
　これまでは，コミュニケーションの基本的な構成部分である文を中心に見てきましたが，ここでは「文」(sentence)と「文」が意味的に結びつけられ，コミュニケーションとして，まとまった伝えるべき内容をもった「文章」(text)を作りあげることに目を向けます。

文章はパラグラフから
　コミュニケーションとして大切なことは，その受信者にとって

理解しやすいものでなければなりません。そのために，1つ1つの文が単純明快であること，そして，文と文との繋がりが分かりやすいこと，もう1つ大切なことは，パラグラフ（paragraph）の導入です。

　相手に理解できるように話を進めていくために，1つのことがらを1つのパラグラフにまとめて，パラグラフからパラグラフへと論理が展開するようにします。読み手が1つのパラグラフを読み，そこに示されている1つの内容を理解し，さらに次のパラグラフへと進んで，論理の流れを十分に把握できるように書いていくことが大切です。このパラグラフが集まって文章となり，1つのまとまった通信文となります。英語の「パラグラフ」は，日本語の「段落」とは違うことも意識しておかなければなりません。

　このように，これまでは，コミュニケーションの基本的な構成部分である文（sentence）を中心に見てきましたが，ここでは，文と文が意味的に結びつけられ，コミュニケーションとして，まとまった伝えるべき内容をもった文章（text）を作り上げることに目を向けるようにしましょう。

Unit 1　レターの体裁と実例

　代表的なレターの体裁は，Semi-Block Style と Block Style の2通りあります。ビジネスでは Block Style ですが，まず，パーソナルレターでよく使われる Semi-Block Style から見ましょう。

　　［**Letter**（1）］［SEMI-BLOCK STYLE; Mixed Punctuation］

　［Letter（1）］（p.153）の体裁を見ることにします。

レターヘッド
　レターペーパーの頭部には，学校名あるいは会社名，住所，ファックス・電話番号，Eメールアドレスなどが印刷されています。「レターヘッ

[Letter (1)]

THE ALFRED SCHOOL OF ENGLISH

11 Guild Street, Stratford-upon-Avon CV37 6RE, England

Tel: (0789)69161・Fax: (0789)69224　　　　　　　　　　　Principals: T.A.Becker, B.A.
e-mail: info@alfred_eng.ac.uk 　　ーレターヘッド [letterhead]ー 　　S.L.Hagger, M.A.

---

27 March 200X [日付:センターから]

Our ref: AS05 [参照番号: reference number]
　↓ (ダブルスペース)
Ms. Makiko Takano [受信者の姓名: receiver's name]
5-24 Nakanoshima 5-chome [受信者の住所: receiver's address]
Kita-ku, Osaka 530-8211
Japan
　↓ (ダブル/スペース)　　　　　ー本文 [body]ー

Dear Ms. Takano, [はじめのあいさつ: opening salutation]
　↓ (ダブルスペース)

　　　　　Enrolment Papers and Grading Test [件名: subject line]
　↓ (ダブルスペース)

(スペース) We are delighted to learn that you will be joining our school in Stratford-upon-Avon, and we enclose the enrolment papers and a grading test. Could you please complete the grading test and return it to us as soon as possible? [第1パラグラフ]
　↓ (ダブルスペース)

(スペース) We have arranged accommodation with a family in Stratford and details are enclosed. [第2パラグラフ]
　↓ (ダブルスペース)

(スペース) We look forward to meeting you in April. [第3パラグラフ]
　↓ (ダブルスペース).

　　　　　　　　　　　　　　　Yours sincerely, [終わりのあいさつ:
　　　　　　　　　　　　　　　　　　　　　　　　　closing salutation]

　　　　　　　　　　　　　　　Anne Holmes 　　[署名: signature]

　　　　　　　　　　　　　　　Anne Holmes　[タイプされた姓名: typed name]
　　　　　　　　　　　　　　　Course Director [役職名: title]

AH: jb [関係者のイニシャル: identification initials]
Enc. Enrolment Papers & Grading Test [同封物指示: enclosure directions]

ド(letterhead)」と言われ，ビジネスではレターヘッド付きのレターペーパーを使います。

レターのスタイル

この Semi-Block Style (Mixed Punctuation)では，次の5つは左側から書き出します。

- ◆参照番号(reference number)（当該のレターの整理番号で，ここでは AS05 が発信者側にとってこのレターを指すことになる）
- ◆受信者の姓名と住所(receiver's name and address; inside address)
- ◆始めのあいさつ(opening salutation)
- ◆関係者のイニシャル(identification initials)（AH:jb, AH-jb, Ah/jb のように左に署名者の，右にタイピストの姓名の頭字を記し，レターの責任者を明記する）
- ◆同封物指示(enclosure directions)（同封物があるときは Enclosure(s) の短縮形である Enc. と書き，その次に同封物を書く）

けれども，
- ◆件名(subject line)は，中央に入れる（センターリングする）

また，次の3つの項目は，中央の部分から書き出します。
- ◆日付(date)
- ◆終わりのあいさつ(closing salutation)
- ◆署名，姓名，役職など(signature, name, title)

さらに，
- ◆本文(body)の新しいパラグラフ(new paragraph)の書き出しは引っ込める（ふつう5スペース引っ込める）。

ビジネスは，ブロックスタイル

この Semi-Block は，出来上がりがバランスのとれた体裁で，また，本文の各パラグラフの書き出しは引っ込めているので，読みやすく，昔はビジネスレター，パーソナルレターを問わず使われていましたが，効率を求めるビジネスでは，Semi-Block は，仕上げにやや手数がかかることから，すべて左側から書き出す［Letter (2)］の Block Style がビジネスの主流を占めています。Semi-Block は，パーソナルレターによく使われています。

[Letter (2)]

```
============================================================
```

ROLLS-WAGEN LIMITED   P.O.BOX 31, DERBY DE2 8BJ, ENGLAND

Aero Division   Facsimile: Derby 53021; E-mail: aero@rowagen.com
                                              Telephone: Derby 42424

```
============================================================
```

15 March 200X

Our ref.: Snn 5/SL

Mr. Takeo Harada
Manager, Overseas Division
Tobu Motors Corporation
4-11 Nishi-Shinjuku 2-chome
Shinjuku-ku, Tokyo 160-0023
Japan

Dear Mr. Harada,

<u>Thanks for Gifts</u>

I would like to express my sincere thanks to you for the gifts which arrived at my office this week. They were a very pleasant surprise.

I hope that you found your visit to England and especially to Rolls-Wagen a pleasant and useful one. It was a pleasure to meet and talk with you and I hope that we will meet again in due course.

Yours sincerely,

G. C. Swainston
Manager, Sales Department

GCE:jj

Mixed Punctuation

　Mixed Punctuation は，opening salutation と closing salutation の後に句読点をつける形式です。opening salutation は，英国式では常にコンマですが，米国式ではフォーマルなレターではコロンを，インフォーマルなレターではコンマをというように区別しています。closing salutation は，コンマをつけます。これに対する open　punctuation は opening salutation と closing salutation の後に句読点をつけない形式です。

　　　　［**Letter**（2）］［BLOCK STYLE; Mixed Punctuation］

ブロックスタイル — すべて左から

　［Letter（2）］（p.155）はブロックスタイルです。このブロックスタイルは，すべての部分を左側から書き出します。これがセミブロックスタイルと違うところです。Mixed Punctuation になっています。

あて先の住所，氏名

　英語の「住所」は，日本語で書く順序と逆になります。日本語では，国，都道府県，市，町，丁目，番地のように，大きい行政区画から小さいものへと書いていきますが，英語では，その反対で，番地から始まり国名が終わりに書かれます。相手先の氏名を記すにも，日本語と逆に住所の前に置かれます。あて先の住所が会社である時も，同様に，英語では，役職名，所属部課，会社名の順序になります。［Letter（2）］のあて先を日本語の書き方と比べ，ここに書いておきましょう。

```
Mr. Takeo Harada
Manager, Overseas Division
Tobu Motors Corporation
4-11 Nishi-Shinjuku 2-chome
Shinjyuku-ku, Tokyo 160-0023
Japan
```

```
〒160-0023
東京都新宿区西新宿 2 丁目 4-11
東部自動車株式会社
　海外本部
　　本部長　原田竹夫様
```

　ローマ字にする場合，都，府，県，市は Tokyo, Osaka, Kanagawa, Kamakura のように，ふつう，to, fu, ken, shi は書きません。また，京都府京都市のように府と市の呼称が同じである場合は，Kyoto, Kyoto

と続けないで，一度 Kyoto と書けばよいことになっています。また，隣りあったときのコンマは，4-11 Nishi-Shinjuku のように数字(11)とアルファベット(Nishi-)が隣り合わせになると不要ですが，Shinjuku-ku, Tokyo のように，アルファベットどうしが隣り合わせ(ここでは，u と T)になると，その間にコンマをつけます。

ダブルスペース

　この体裁では，次のようにダブルスペースであるべきところが決められています。
♦「あて先」と「始めのあいさつ」の間
♦「始めのあいさつ」と「件名」の間
♦「件名」と「本文の第1パラグラフ」の間
♦「パラグラフ」と「パラグラフ」の間
♦「最終のパラグラフ」と「終わりのあいさつ」の間
　これらの「間隔」は，ダブルスペースが守られますが，この他の「間隔」については，本文の長さによって任意の間隔でよいことになっています(本文の行間はシングルスペースです)。

始めと終わりのあいさつ(opening and closing salutations)

　日本語の手紙でもフォーマルなものには，始めと終わりのあいさつとして，「謹啓/拝啓」や「敬具」などがあります。英語のレターでも，このような決まりのあいさつがあります。フォーマルなレターとパーソナルなレターの2つのレベルで，英国式とアメリカ式の代表的なものを見ることにします。

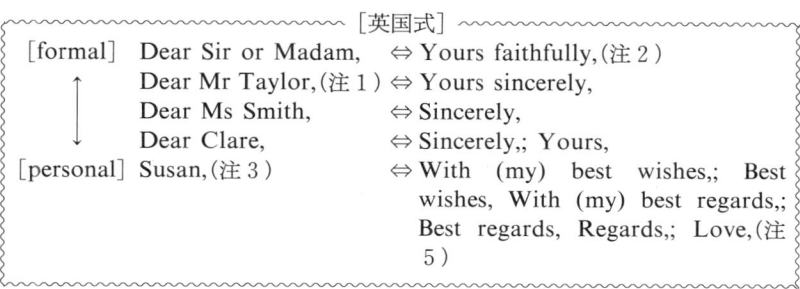

　　　　　　　[始めのあいさつ]　　　　　　　[終わりのあいさつ]

[英国式]

[formal]	Dear Sir or Madam,	⇔ Yours faithfully,(注2)
↑	Dear Mr Taylor,(注1)	⇔ Yours sincerely,
↓	Dear Ms Smith,	⇔ Sincerely,
	Dear Clare,	⇔ Sincerely,; Yours,
[personal]	Susan,(注3)	⇔ With (my) best wishes,; Best wishes, With (my) best regards,; Best regards, Regards,; Love,(注5)

```
╭─────────────────[アメリカ式]──────────────────╮
│ [formal]   Ladies and Gentlemen: ⇔ Very truly yours,      │
│     ↑      Dear Mr. Taylor:      ⇔ Sincerely yours,       │
│     │      Dear Ms. Smith,       ⇔ Sincerely,             │
│     ↓      Dear Clare,(注4)      ⇔ Sincerely,; Yours,     │
│ [personal] Susan,                ⇔ With (my) best wishes,; Best │
│                                    wishes, With (my) best regards,; │
│                                    Best regards, Regards,; Love,(注 │
│                                    5)                     │
╰───────────────────────────────────────────╯
```

（注1） 英国では，Mr/Mrs/Ms には，ピリオドをつけない。

（注2） もともと，「忠実に(faithfully)あなたの召使い(your servant)としてお役に立ちます」というへりくだった表現。

（注3） さらに親しくなると，英国式，アメリカ式ともに，ファーストネームで呼びかけることになる。

（注4） 親しくなると，アメリカ式でも，コロンからコンマに変わってくる。

（注5） Love, は，女性用語。

　英国式，アメリカ式ともに「始め」と「終わり」のあいさつがペアーになっています。ビジネスで相手先の会社・団体の担当者の名前がわかっていない時「始め」のあいさつは英国では Dear Sirs, アメリカでは Gentlemen: のように，男性のみに対するあいさつでしたが，このところ，女性をも含めて，英国では，Dear Sir or Madam, アメリカでは，Ladies and Gentlemen: が使われています。性差別を意識しての表現です。「相手先の担当者の名前がわかっている時」は，英国式，アメリカ式ともに担当者の family name を使います(full name ではありません)。例えば，男性で，姓がテイラー(Taylor)さんの場合では，英国式 Dear Mr Taylor, アメリカ式 Dear Mr. Taylor: のようになります。あいさつの最後の句読点は，英国式では常に「コンマ」，アメリカ式ではフォーマルな場合は「コロン」，インフォーマルな場合には「コンマ」になるので注意しなければなりません。

　「終わり」のあいさつも，英国式では Dear Sir or Madam, で始められたレターでは，通例 Yours　faithfully, で終わり，アメリカ式では，Ladies and Gentlemen: で始まるレターの終わりは，Very truly yours,

となります。また，ビジネスレターでも，お互いに親しくなると，Sincerely,; Best wishes,; Best regards, などで終わったりします。Eメールでは，この Best regards, や Kindest regards, などがよく使われます。

ビジネスレターでは，件名を

　ビジネスレターでは，subject line として，「用件」は何であるかをはっきりと示します。レターの「始めのあいさつ」と「本文」の間におかれます。この「件名」が1行のときは，ふつう，下線が引かれ，2行以上にわたるときは，下線が引かれないことが多いです（1行である場合，それを目立たせる意味合いから下線が引かれ，2行以上にわたるときは，それじしん，目立つこともあり，また，各行がそろうことが少なく下線が引きにくいこともあります）。Eメールでは，この「件名」を書く欄があります。[Letter (1)] [Letter (2)] の「本文」を見ることにしましょう。

[Letter (1)]
　英国のストラットフォード＝アポン＝エイボン（シェイクスピアの生地）にあるアルフレッド英語学校からの入学申し込みにたいする返信です。
　［大意］「謹啓」（親愛なる高野様）「入学書類とクラス分けテストの件」「ストラットフォード＝アポン＝エイボンの当校に入学されると知りうれしいです。それで，入学書類とクラス分けテストを同封します。そのクラス分けテストを仕上げて，なるべく早く返送してもらえませんか」「ストラットフォードでのホームステイの取り決めをしました。その詳細を同封しました」「4月にお目にかかれることを心待ちにしています」「敬具」

- ♦ enrolment「入学」
- ♦ join our school「当校に入る」
- ♦ grading test「クラス分けテスト」
- ♦ complete...「…を仕上げる」
- ♦ arrange accommodation with...「…での宿泊の手配をする」
- ♦ Enc.「同封物」［= enclosure(s)］

パラグラフは段落ではない

　日本語の段落は，かなり感覚的な区切りと言うことができます。文章の流れの中で，そろそろ長くなってきたのでこのあたりで段落を，という息抜き的な要素が大きく占めています。これに対し英語では，パラグラフの考え方がはっきりとしています。
　「ワンパラグラフ，ワンアイディア」(one paragraph, one idea)と言わ

れるように，パラグラフは1つの論理的なつながりを持った文の集まりで，1つのパラグラフには，1つのアイディアを盛り込むことになっているのです。つまり，1つのパラグラフは，1つのキーセンテンスで言い表せるようなものでなくてはなりません。上記の［Letter (1)］では，第1パラグラフで「入学申し込みはうれしい：情報の追加→入学書類とテストを同封する→テストを仕上げて返送するように」，第2パラグラフでは「ホームステイは手配ずみ：情報の追加→詳細は同封されている」，第3パラグラフは「4月に会えるのを楽しみに」とそれぞれ key sentence で始まり，それぞれのパラグラフの中で，必要に応じ詳しく情報をつけ加えていくことになります。従って，このキーセンテンスは，パラグラフの始めに来ることが多いのです。

このように，パラグラフでは，始めにキーセンテンスが「導入」(introduction)として持ち出され，それに情報を付け加えて「展開」(discussion)し，そこで，必要に応じ，導入，展開した問題を終結(conclusion)にもっていくのです。

パラグラフの積み重ねである文章(text)を書くためには，1つのアイディアの中で「導入」「展開」「結論」へと構築されたそれぞれのパラグラフが，さらに，「導入」「展開「結論」という論理の流れに従い積み重ねられながら，1つの文章に構築されていくことになります。

［Letter (2)］
英国・ロールスワーゲン社営業部長のスエインストン氏から原田竹夫氏あての礼状で，訪問のお礼に贈り物を送ったことにたいするものです。
［大意］「謹啓」（親愛なる原田様）「贈り物にたいするお礼の件」「今週私のオフィスに着いた贈り物にたいし心からのお礼を申し上げます。その贈り物はとてもうれしい驚きでした」「あなたの英国への，特にロールスワーゲン社へのご訪問が楽しい，お役に立つものであったことを望んでいます。あなたにお目にかかれ，お話ができたのはよろこびでした，またそのうちにお目にかかれることを望んでいます」「敬具」

- ◆ P.O.Box 31「郵便私書箱31番」（郵便局の中につくる個人専用の郵便受けの箱；P.O.は，Post Office のイニシャルをとったもの）
- ◆ Overseas Division「海外本部」（通例 Division は，Department［部］よりも大きな組織単位で「本部」あるいは「局」などにあたる。また，Division を Bureau

[Letter (3)]

---------------------------**FREDSON INTERNATIONAL, INC.**---------------------

Upper Rake's Lane, P.O.Box 12440, St.Thomas, U.S. Virgin Islands 00801
phone (809)774-9011　　　　　　　　　　fax (809)774-9023

January 17, 200X

Our ref: JPO-1

M. Kato & Co., Ltd.
88 Kitakyutaro-machi 3-chome
Chuo-ku, Osaka 541-0056
Japan

Ladies and Gentlemen

<u>Supply of Red & Variety Meat Items</u>

FREDSON INTERNATIONAL, INC. is an international trading company whose head office is located at Upper Rake's Lane, St. Thomas, U.S. Virgin Islands.

We can supply a complete line of red meat items and also variety meat items. All of these items are sold at the market price prevailing at the time of offer. Our company profile and brochure are enclosed.

For further information, please contact Fred Goldberger at (818) 509-9900.

We hope that we will be able to establish a trading relationship in the near future. Thank you very much.

Very truly yours

Mary C. Palmer

Mary C. Palmer
Secretary
MCP-JAR
Enc. Company Profile & Brochure

- express my sincere thanks to ＜人＞for...「…にたいし＜人＞にお礼をのべる」
- a very pleasant surprise「とてもうれしい驚き」
- ...you found your visit to... a pleasant and useful one.「…へのご訪問が楽しく，また有用なものであるとわかった」
- It was a pleasure to...「…であることは楽しいことでした」

第1パラグラフはWHY ― 導入

　［Letters (1), (2)］でわかることは，第1パラグラフでは，そのレターの用件をはっきり書きます。なぜ(WHY)このレターを書いているのかを読み手にまず告げるのが，第1パラグラフです。［Letter (1)］では「あなたの入学申し込みにたいし喜びを示し，関係書類を同封する」また［Letter (2)］では「贈り物が到着してうれしいと，礼状を書いている」と伝えています。第1パラグラフは，WHYです。これが「導入」「展開」「結論」の「導入」に相当するものです。

　　　　［**Letter** (3)］［BLOCK STYLE; Open Puctuation］

［Letter (3)］(p.161)（取引の申し込みをする）
　［大意］「謹啓」「赤肉，臓物の供給の件」「FREDSON INTERNATIONAL, INC.は本社がUpper Level, Rake's Lane, St. Thomas, U.S. Virgin Islandsにある国際的な商社です」「当社は，赤肉，臓物とも全種類を供給できます。これらの全品目は，オファー時の市場価格で販売されます。当社の会社概要とパンフレットが同封されています」「お問い合せは，電話番号(818)509-9900のフレッド・ゴールドバーガーにご連絡ください」「近い将来，お互いに取引関係を樹立できることを望んでいます。よろしく」「敬具」

- Virgin Islands「バージン諸島（西インド諸島の中のプエルトリコ島の東にある小群島）」
- a trading company「商社」
- a complete line of...「全種類の…」
- red meat「赤肉(赤身の肉のこと)」
- variety meat「臓物(レバー・タンなど)」
- at the market price「市場価格で」
- prevail「支配している，普及する」（このprevailingは現在分詞

で the market price を修飾する）
- contact...at/on〈電話番号〉「〈電話番号〉で…に連絡する」（前置詞は at でも on でもよい）
- ...we will be able to...「we は包含の we」
- establish a trading relationship with...「…と取引関係を樹立する」
- Thank you very much. ここでは「よろしく」の意味。

取引の申し込み

　米国の食肉業者からの取引申し込みのレターです。初めてのもので，相手先の担当者の名前がわからないので，opening salutation には，Ladies and Gentlemen: を使っています。

　第1パラグラフは「自己紹介」をし，subject line と併せて，取引の申し込みであることを暗示しています。なぜ(WHY)にあたる部分です。第2パラグラフで「オファーしたい内容」を述べ，第3パラグラフで「自社の担当者」を伝え，第4パラグラフで「取引が実現するように」と希望しています。とくに第2パラグラフでは，提供できる商品をまず伝え，値段はオファーするときの時価で，パンフレットを参照するように同封すると情報の追加をしています。このような取引申し込みには，必ず，会社経歴書，パンフレットなどを同封します。

　いずれにしても，ワンパラグラフ，ワンアイディアで，本文構成も（導入）自己紹介→（展開）オファー内容→担当者→（終結）取引の実現を願う，とパラグラフを構築しています。

最後のパラグラフ

　最後のパラグラフでは，ふつう，相手先になにをしてほしいか(a request for action)，を伝えることが多いです。ここでは，取引申し込みですから「取引をしたいという希望」を述べています。

Open Punctuation

　始めと終わりのあいさつの Ladies and Gentlemen と Very truly yours の後にはコンマがありません。これが Open Punctuation です。

[Letter (4)]

ABENO YMCA GAKUIN

9-52 Minami-Kawahori-cho, Tennoji-ku, Osaka 543-0054 Japan
phone: 06-6123-4567 · fax: 06-6123-4568
E-mail: secretary@osakaymca.or.jp

March 27, 200X

Mr. Harrison O. Warren
Consul-General, British Consulate-General
54 Awaji-machi 4-chome
Chuo-ku, Osaka 541-0047

Dear Mr. Warren,

    In regard to our telephone conversation, I am glad to recommend Ms. Akiko Shizuma as a strong candidate for the secretarial position opening in end-April. Ms. Shizuma was the leader of 11 students who received secretarial training here from April last year to March this year. Her curriculum vitae is enclosed.

    If you are interested in meeting her, please contact her at (06)6389-3868. She said that she would be available for an interview in early April.

    I hope that you will find Ms. Shizuma the right person for your secretary. Thank you very much.

Yours sincerely,

Takeshi Nagashima
Takeshi Nagashima
Director, Secretarial Training Programs

TN:jm
Enc. Curriculum Vitae

レター・ファックス・Eメール　*165*

[**Letter** (4)] [SEMI-BLOCK STYLE; Mixed Punctuation]

[Letter (4)] (p.164) (就職の推薦をする)

［大意］「謹啓」（親愛なるウォーレン様）「私たちの電話での会話について，静間あき子を4月末に空席となる秘書職の有力な候補者として，よろこんで推薦いたします。静間は，昨年の4月から今年の3月までここで秘書研修を受けた11人の学生のリーダーでした。履歴書が同封されています」「彼女に会うことにご興味があれば，(06)6398-9868にご連絡ください。4月初めに面接にうかがえると言っていました」「静間があなたの秘書にふさわしい人物であるとおわかりいただけるよう望んでいます。よろしくお願いします」「敬具」

- ◆ a Consul-General「総領事」
- ◆ British Consulate-General「英国総領事館」
- ◆ in regard to...「…について」(＝about)
- ◆ a candidate「候補者」
- ◆ secretarial「秘書の」(secretaryの形容詞)
- ◆ Nos.「番号」(No. ＝ numberの複数形)
- ◆ right「ふさわしい，適切な」(この意味での反意語は wrong)

Semi-Block Style

　本文の各パラグラフの始めは引っ込め，日付，終わりのあいさつなどをセンターから始めています。Semi-Block Style (Mixed Punctuation) です。

被推薦者の名前

　推薦状では，被推薦者の名前を相手先に覚えてもらうことが大切です。そのため，被推薦者の名前を繰り返して書くようにします。英語では，通例，Ms. Akiko Shizuma と出てくれば，次からは，人称代名詞の she/her/her で受けることになるのですが，意識的に Ms. Shizuma を第2パラグラフと第3パラグラフで，それぞれ1回ずつ繰り返しています。

履歴書

　履歴書は Personal History あるいは Resume と言いますが，ふつう，ラテン語からの Curriculum Vitae(略して cv/CV ともいう)を使います(米国では，CV は特に，大学教員の教育，研究業績表を指す)。次が履歴

書のスタンダードな項目です。

> Date（作成年月日）
> ♦ Personal Data:（個人の詳細）
>   Full name（姓名）　　　　　　　　Sex（性別）
>   Present Address（現住所）　　　　Date of birth（生年月日）
>   Phone & Fax Nos.（電話・ファックス番号）Marital status（婚姻状況）
>   Email address（Eメール・アドレス）Health（健康状態）など。
> ♦ Education（学歴）［この「学歴」と「職歴」また「特殊技能」は，日本とは逆に，現在から書き初めて過去にさかのぼります］
> ♦ Work Experience（職歴）
> ♦ Hobbies（趣味）
> ♦ Special Skills（特殊技能）
> ♦ Reference(s)（信用照会先）［自分の信用の問い合わせ先を書きます。学校の担任の先生，ゼミ指導の先生，元勤務先の上司などの名前，連絡先をあげますが，必ず事前に本人の許可をとっておくことが必要です］

> CURRICULUM VITAE
> March 25, 2003
>
> NAME: Akiko Shizuma　　　　SEX: Female
> PRESENT ADDRESS: 8-1 Hommachi 5-chome, Toyonaka, Osaka 560-0021
> TELPHONE & FAX: (06)6849-6654　　E-MAIL ADDRESS:
> 　　　　　　　　　　　　　　　　　　akiko@nifty.ne.jp
>
> PERSONAL DATA:
> Age: 19 years　　　　　　　　　　Date of birth: January 10, 1984
> Marital status: Single　　　　　　　Health: Good. No defects of any
> 　　　　　　　　　　　　　　　　　　　　　　kind
>
> EDUCATION:
> April 2002 - March 2003　　Abeno YMCA Gakuin Secretarial Training Course
> April 2000 - March 2002　　Kansai Gaidai Junior College, English Course (attended a three-week English course in August 2001 at The Swan School of English, England; a copy of Attendance Certificate is attached.)
> April 2007 - March 2000　　Toyonaka Senior High School, Toyonaka,

April 1994 - March 1997	Toyonaka Daini Junior High School, Toyonaka, Osaka

WORK EXPERIENCE: None

SPECIAL SKILLS:

June 2002	Passed the Official Examination in Business English (B class) sponsored by The Japan Chamber of Commerce and Industry
July 2002	TOEFL: 550
August 2001	Passed the Pre-First Grade English Test sponsored by the Society for Testing English Proficiency

HOBBIES: Tennis, Reading, Listening to music

REFERENCES:
　Professor Taro Nakamoto, Kansai Gaidai Junior College, Hirakata, Osaka
　Mr. Takeshi Nagashima, Director, Secretarial Training Programs, Abeno
　　YMCA Gakuin, Osaka

履歴書
平成15年3月25日

[氏名]　静間　あき子　　　　　　[性別]　女性
[現住所]　560-0021　大阪府豊中市本町5丁目8-1
[電話・ファックス]　(06)6849-6654　　[Eメール]　akiko@nifty.ne.jp

[個人の詳細]
(年齢)　19歳　　　　　　　　(生年月日)　昭和59年1月10日
(婚姻状況)　独身　　　　　　(健康状況)　良好，身体健全

[学歴]（英語と順序は逆になっている）
平成6年4月―平成9年3月　　豊中第二中学校(大阪府豊中市)
平成9年4月―平成12年3月　　豊中高等学校(大阪府豊中市)
平成12年4月―平成14年3月　関西外国語短期大学米英語科(平成13年8月英国 The Swan School of English で3週間の英語コースに出席，出席証明書を添付)

平成14年4月―平成15年3月　　阿倍野YMCA学院秘書実務科

［職歴］なし

［特殊技能］（英語と順序は逆になっている）
平成13年8月　　日本英語検定協会主催英語検定試験準1級合格
平成14年7月　　TOEFL：550
平成14年6月　　日本商工会議所主催商業英語検定試験B級合格

［趣味］テニス，読書，音楽鑑賞

［信用照会先］
　中本太郎教授，関西外国語短期大学教授（大阪府枚方市）
　長島武先生，阿倍野YMCA学院秘書実務科ディレクター（大阪市）

履歴書

　英文履歴書には，日本の履歴書のように決まった形式はなく，スタンダードなものとして，前々ページの項目を正確に，きれいにワープロ機能を使って印字します。日本では顔写真を貼付するのがふつうですが，欧米では面接以前の段階では付けない（提出先が日本であれば付けたほうがよい）ことになっています。

　学歴で「2002年4月から現在に至る」は，April 2002–Present です。また，上記の履歴書では「職歴：なし」でしたが，アルバイトなどがあれば，次のように書きます。

　「アルバイト：夜間の仕事，過去6か月間ミスター・ハンバーガー豊中駅前店で，週に3晩」
Part-time position: Evening work (three nights a week for the past six months at Mister Hamburger Toyonaka-Ekimae Shop).

　「休暇中のアルバイト：2002年8月，大阪デパートで販売の事務員」
Vacation work: August 2002, Sales Clerk at Osaka Department Store.

　「2002年4月から現在に至る，受付，東洋ツーリスト大阪駅店で」
April 2002–Present, Receptionist, Toyo Tourist Office, Osaka Station.

[Letter (5)]

1-36-806 Tamagawa 1-chome
Fukushima-ku, Osaka 553-0004
October 29, 200X

Mr. Fred Valentine, Personnel Manager
InTech Marketing Inc.
12-12 Umeda 1-chome, Kita-ku
Osaka 530-8224

Dear Mr. Valentine:

Export/Import Clerk Position

I would like to apply for the above position, as advertised in the Asahi Shimbun (English Edition) of October 28.

In March next year I will have completed a Bachelor of Commercial Science from Kandai University, majoring in Business Communication. My studies have been very relevant to the position being offered by InTech Marketing Inc. For the past two years, for example, I have been studying business correspondence, and international trade procedures; moreover, I have passed the Pre-First Grade English STEP Test and the B Class Examination in Business English, as you will see from the enclosed curriculum vitae.

I would be very grateful if you could give me an opportunity to be interviewed for this position. I am available for an interview at any time.

I look forward to hearing from you.

Sincerely yours,

Tomoko Kobayashi

Tomoko Kobayashi
Enc. Curriculum Vitae & Certificate Copies

語学学校の出席証明書

　学歴の中で英国の語学学校での英語研修で，出席証明書のコピーを添付していますが特殊技能の検定試験の合格証書，**TOEFL** 得点の証書のコピーも同封するようにします。次は，語学学校の出席証明書の内容です。フォーマルな文体です。

```
          CERTIFICATE
           IN ENGLISH
       This is to certify that
         Ms Akiko Shizuma
  has successfully completed a course
  of  23  hours per week in English
  at this school, during the period
      2 August to 20 August 2002
     at High Intermediate Level.
     (署名)            (署名)
  Director of Studies      Director
     The Swan School of English
  111 Barbury Road・Oxford OX2
  6JX England.
  Phone (01865)553201・(01865)552923
  Recognised by the British Council
```

```
         証明書
          英語
  本証明書は
  ［静間あき子］が
  ［2002年8月2日から8月20日の期
  間］［中級の上の］レベルで1週に
  つき［23］時間の英語コースを成果
  をあげ終了したこと証明する。
  （署名）          （署名）
  授業ディレクター　ディレクター
           学校名
           住所

  電話番号・ファックス番号
  英国文化協会承認
```

　［この証明書はフォームになっていて，下線部分のところに，各人に応じて記入される］

[**Letter** (5)] [BLOCK STYLE; Mixed Punctuation]

[**Letter** (5)] (p.169) (求人に応募する)

　［大意］「謹啓」(親愛なるバレンタイン様)「輸出入係の件」「私は，10月28日付けの Asahi Shimbun(英語版)に広告されていた上記の職に応募したいのですが」「私は，ビジネス・コミュニケーションを専攻し，来年3月関台大学の商学士の課程を終えます。私の研究対象は，InTech Marketing Inc. によってオファーされている職に密接な関連があります。例えば，過去2年間特にビジネス通信文と国際取引実務を学びました，その

上,同封の履歴書からおわかりのように英検準1級と商業英語検定試験B級に合格しました」「この職のために面接をしていただける機会をいただければたいへんありがたいのですが」「お便りをいただけることを心待ちにしています」「敬具」

- apply for...「〈職〉に応募する」
- ...position, as advertised in...「…に広告されていたような職」
- Bachelor of Commercial Science「商学士」
- major in...「…を専攻する」
- be relevant to...「…に密接な関連がある」
- correspondence「通信」
- international trade procedures「国際取引の実務」
- interview「面接をする」(ここでは動詞と名詞両方で使われている)
- Help Wanted「求人」(広告に使われる;「雇い人が求められている」の意味)

Help Wanted(求人)

英字新聞の部門別案内広告(Classified Ads)のなかに「求人」(Help Wanted)欄があります。これに応募するには,添え状(a covering letter)を書いて履歴書を送ることになります。「求人」欄の1例です。

~~~~ Help Wanted ~~~~
InTech Marketing seeks Export/Import Clerk. English and Trade Knowledge essential. Send CV to Fred Valentine, Personnel Manager, 12-12 Umeda 1-chome, Kita-ku, Osaka.

~~~~ 求人 ~~~~
InTech Marketing,輸出入の事務員求む。英語と取引実務知識必須。履歴書を大阪市北区梅田1丁目12―12,人事部長 Fred Valentine あて送付のこと。

面接が目的

このような就職申し込み状の目的は,「面接」(interview)をしてもらうことです。「私を雇ってください」と言うのではなく,とにかく「面接してください」と頼み,その面接の時に自分を売り込むわけです。ここでは,第3パラグラフで「この職のため面接の機会をいただければありがたいのですが」と丁重に頼んでいます。

このレターの構成を見ましょう。まず,subject line でレターの用件を告げ,第1パラグラフで,その用件を具体的に伝え(WHY),第2パラグ

ラフで自分のセールスポイントを書き，後は，履歴書を見てもらうようにしており，第3パラグラフで面接を依頼し，最後のパラグラフで返事を求めています。one paragraph, one idea を守りながら，WHY で「導入」し，自己紹介で「展開」し，面接の依頼で「終結」しています。

Block Style

Block Style, Mixed Punctuation を確認しておきましょう。

就職にかかわるフォローアップレターの本文を2つあげておきましょう。(1) 面接を受けた直後に送るもの，(2) 採用通知に対してのものです。このような気配りが大切です。

(1) 面接直後のレター (After the interview)

> Job Interview
>
> Thank you very much for talking with me today about the export/import position at InfoTech Marketing Inc. I really appreciate the time you took and the detailed information you gave. I am extremely interested in the position.
>
> I look forward to hearing from you.

［大意］「就職面接の件」「本日は InTech Marketing Inc. での輸出入係の職につき私とお話をしていただきありがとうございました。わざわざいてくださった時間に，また，教えていただいた詳しい情報にとても感謝しています。私は，その職に非常に興味をもっています」「お便りをいただけることを心待ちにしております」

(2) 採用通知にたいし承諾のレター (A letter of Acceptance)

> Job Offer
>
> Thank you very much for your letter of November 23. I am pleased to accept your offer of a position with your company. The proposed starting date of December 1 suits me well.
>
> Enclosed are the completed forms which you requested. I will be happy to

[**Letter** (6)]

AUSTIN DENTAL PRODUCTS LTD.

15 Silver Way, Mycal, Middlesex HA3 5HG England
Tel: (44)01-835-9622 Fax: (44)01-831-8502

20 April 200X

ANNOUNCEMENT

Dear Export Customer,

I am writing to advise you that our prices will be increased from 1 May 200X. I would like to draw your attention to the fact that our prices have not been increased since January 1997 and the review process currently under way is designed to keep our price structure in line with inflation and changes in the exchange rate. A copy of our revised price list is enclosed for your information.

I trust that we can rely on your continued support.

Yours sincerely,

Jill Anderson

Jill Anderson
Export Sales Manager

JA-ch
Enc. Revised Price List

> bring any other information you may require.
>
> I greatly appreciate having been selected for the job. I look forward to joining InTech Marketing Inc.

［大意］「採用通知の件」「11月23日のお手紙ありがとうございました。貴社での勤め口のオファーを喜んでお受けいたします。お申し越しの12月1日の出社日は私に好都合です」「依頼された記入済みの書式を同封しております。ご必要の情報がなにかほかにありましたら，よろこんで持参いたします」「その職に私が選ばれたことをほんとうに感謝しています。InTech Marketing Inc. に入社することを心待ちにしております」

［**Letter**（6）］［BLOCK STYLE; Mixed Punctuation］

［Letter（6）］（p.173）（値上げを通知する）
　［大意］「謹啓」（親愛なる輸出先のお得意様）「当社の値段が5月1日から引き上げられることをお知らせするためにこの手紙を書いています。当社の値段は1997年1月以来上げられていないという事実にご注目していただきたいと思います，それで，現在進行中の見直しは，当社の価格構造をインフレ，および，為替相場の変動にそうように意図されています。ご参考までに，改訂された値段表1部が同封されています」「引き続くご支援をいただけるよう信じています」「敬具」

- ◆ advise「通知する」（＝inform）
- ◆〈price〉be increased「〈値段が〉上げられる」
- ◆ draw your attention to...「…に注意を向ける」
- ◆ currently「現在（＝now）」
- ◆ under way「始まって」
- ◆ keep...in line with...「…にそって」
- ◆ inflation「インフレ」
- ◆ exchange rate「為替相場」
- ◆ revised「改訂された」（ここではrevise を「値段を上げる」の意味で使っている）
- ◆ rely on...「…を当てにする」
- ◆ continued support「引き続く支援」

通知状（announcement）

　このような通知状は，数多くの得意先に出されることから Opening Salutation を Dear Export Customer（輸出先のお得意様へ）として，こ

のコピーを配布するようにします。
　また，ここでは，Block Style ですが，subject line が中央におかれて（センターリングされている）います。このように「件名」は，目立たせることから，Block Style でも中央におくこともあります。

値上げ通知

　値上げは，相手先にとって「良い知らせ」ではありません。けれども，値上げはやもうえない事情ですから「その理由」をあげて理解してもらうようにします。「理由」をあげて，相手先の理解を求めることが大切なのです。ここでは「インフレ(inflation)」と「為替相場の変動(changes in the exchange rate)」を理由とし，それも1997年から値上げをせずに頑張ってきたのだ(...our prices have not been increased since January 1997...)と理解を求めています。まず，値上げ通知で「導入」し，その値上げにいたる理由をあげながら「展開」し，第2（最後の）パラグラフで「引き続きご支援を」と頼みながら「終結」しています。
　ここでもうひとつ「値段を上げる」という用法に目を向けましょう。まず，1行目で ...our prices will be increased... と，次に ...our prices have not been increased と受動態を使っています。当社が値上げをするという動作主を表面に出すのを避けたアプローチです。また，A copy of our revised price list... のように，revise という別の「値上げ」を意味するソフトな表現を使っているところにも注目しましょう。

[**Memorandum** (1)] 講習会の詳細を知らせる [Semi-Block Style]

MEMORANDUM　　　　　　　　No. 347/1

TO: MR. TAKASHI NAKAMURA　　　　FROM: R. M. KENDALL
　　　　　　　　　　　　　　　　　　　April 14, 200X

COMMUNICATIONS COURSE AT ROLLS-WAGEN, DERBY

　In regard to our discussion today, the following arrangements have been made for you to attend the Communications Course at the Rolls-Wagen Training School, Mickleover, Derby.

1. COURSE DETAILS
   Date: April 21-23
   Location: Staff Training School, Mickleover, Derby
   Title: Effective Speaking, Meetings and Report Writing
   (A copy of its schedule is enclosed.)

2. HOTEL
   Reservations have been made for you at the Gables Hotel, London Road, Derby, for the nights of April 20, 21, and 22. Mr. A.S.Anderson, Training Adviser at Mickleover, will arrange transport to and from the hotel.

   I will look forward to your staying with me at my home (Tutbury, Burton-on-Trent, Staffs. Tel. 028-381-2259) on April 23, and I can make appropriate arrangements for you to travel to Tutbury.

3. PRE-COURSE ACTION
   Please note that all participants are required to prepare a ten-minute speech on some aspect of their work.

   I will be pleased to help you in any way I can in the preparation of this speech and trust that you will not hesitate to approach me.

                                       R. M. KENDALL

[Memorandum (1)]
　[大意]「ロールスワーゲン,ダービーでのコミュニケーションズ・コースの件」「本日の私たちの話合いについて,あなたがダービー,ミクローバーのロールスワーゲン訓練学校でのコミュニケーションズ・コースに出席するよう,下記の手配がされました」
1．コースの詳細　日：4月21日-23日　場所：ダービー,ミクローバーのスタッフ訓練学校　題目：効果的な話し方,ミーティング,および,レポートの書き方(スケジュールのコピーが添付されています)。
2．ホテル　4月20日,21日,22日,ダービー,ロンドンロードのゲイブルズホテルに,あなたのために予約がされました。訓練指導官のエイ・エス・アンダーソン氏がそのホテルから往復の乗り物を手配するでしょう。4月23日あなたが私の家に(スタッフス,バートン=オン=トレント,タツベリー．電話番号028-381-2259)宿泊されるよう心待ちにしているでしょう。あなたがタツベリーへ来られる交通の適切な用意をいたします。

3．コース前の作業　全参加者は，各自の仕事のある状況について10分間のスピーチを準備しなければならないということにご留意ください。このスピーチの作成に私がなんなりとよろこんでお手伝いいたします。ご遠慮なく私のところにきっと来られることと思っております。

- arrange transport「交通の手配をする」
- make appropriate arrangements「適切な手配をする」
- some aspect「ある局面」

スケジュール(コースの予定表の第1日は次のようになっています)

```
DAY ONE
From    To
9.00    9.30    INTRODUCTION
9.30    10.20   IMPROMPTU SPEAKING
10.20   10.40   COFFEE
10.40   12.00   IMPROMPTU SPEAKING (CONTD)
12.00   1.00    LUNCH
1.00    1.30    FILM: ALL I NEED IS A CONFERENCE
From    To
1.30    2.30    MEETING PRACTICE
2.30    2.50    TEA
2.50    3.10    MEETING SUMMARY
3.10    3.40    MEETING BEHAVIOUR
3.40    3.55    BREAK
3.55    5.00    REPORT WRITING
```

- impromptu「即席の」
- contd (＝continued)「続き」
- practice「やりかた」
- behavio(u)r「態度，ふるまい」

メモランダム

　メモランダム(Memorandum)は，企業内での書面による通信です。掲示板に貼られたり，回覧されたり，配布されたり，各自のパソコンに送られたりします。手短に，メモ(memo)ともいわれます。

　社内通信ですから，初めの部分(heading)は，次のようになります。

　　　あて先　(To:＿＿＿＿)　　発信者　(From:＿＿＿＿)
　　　発信日　(Date:＿＿＿＿)　用件　(Subject:＿＿＿＿)

　ここでは，コミュニケーションズ・コースに出席できるようにケンダル

氏が手配をしたことを，中村孝氏にあて本人が作成した「メモ」です。

メモは，あくまでも社内通信ですから，用件のみをシンプル(simple)に書き，また，得意先に送るビジネスレターよりは，ずっとパーソナル(personal)な文体になることが多くなります。

[**Memorandum** (2)] 会議の中止を伝える

```
To: All members of the board of directors
From: Kazuo Onishi, President
Date: February 5
Subject: MEETING CANCELLATION
The board meeting scheduled for Monday, February 12 at 1:00 p.m. has been
canceled.  The agenda items will be discussed at the next meeting.   Regards.
```

(あて先)取締役会全員　　(発信者)社長大西和夫　　(日付)2月5日
(用件)会議中止の件
(本文)「2月12日（月）午後1時に予定されていた取締役会は取りやめになりました。議案事項は次の会議で討議されます。よろしく」
- board of directors「取締役会」　　♦ agenda「議案」(複数形で，単数
- cancellation「取り消し」(動詞　　　形は agendum)
　は cancel)　　　　　　　　　　♦ items「項目」

[**Memorandum** (3)] 会議の日程の希望を尋ねる

```
To: All members of Quality Control Department
From: Department Manager
Date: June 10
Subject: Meeting for new budget proposals
Some of you have said you would like to hold a one-hour meeting in order to
discuss new budget proposals.  Please indicate your top three preferences and
return this memo to me.   Thanks.
      Friday, June 19:       9:00-10:00 _____   10:00-11:00 _____
      Saturday, June 20:     9:00-10:00 _____   10:00-11:00 _____
      Monday, June 22:       9:00-10:00 _____   10:00-11:00 _____
```

(あて先)品質管理部全員　　(発信者)品質管理部長　　(日付)6月10日
(用件)新予算提案のための会議開催の件
(本文)「新予算提案を話し合うために，1時間の会議をしたいとの要望があります。お好みの日時3つを指示して私あてにこのメモを返送してください。よろしく」

　　　　　6月19日(金曜日)：　9:00-10:00_____　10:00-11:00_____
　　　　　6月20日(土曜日)：　9:00-10:00_____　10:00-11:00_____
　　　　　6月22日(月曜日)：　9:00-10:00_____　10:00-11:00_____

♦ budget「予算」　　　　　　　　　♦ preference「好みによる選択」

[ビジネスレターを書くためのチェックポイント]

(1) レイアウト(Layout)
　♦あて先（担当者名）(Name of addressee)：_____

　♦あて先住所(Inside address)：_____

　♦初めのあいさつ(Opening salutations)：_____
　♦終わりのあいさつ(Closing salutation)：_____
　♦日付(Date)：_____

(2) 本文(Body)
　♦件名(Subject line of letter)：_____

　♦キーポイント(Key points)：(展開部：キーポイントを記し，そのアイディアの数に応じて，パラグラフの数を決め，論理の進め方をまとめる)_____
　　_____

　♦初めの文(Opening sentence)：(導入部：第1パラグラフに相当する)_____

　♦終わりの文(Closing sentence)：(最終パラグラフに相当する)_____

(3) トーン(Tone)
　♦レターの目的(Purpose of letter)：_____

　♦相手先との関係(Writer/addressee relationship)：_____

(1) **「レイアウト」**：ビジネスでは［Block/Mixed］が主流で，その他の部分については，取り決めに反しないように注意します。例えば，「謹啓」「敬具」に相当する「あいさつ」には，状況に応じて決まりがあり，それに従うようにします。ただ，英国式，アメリカ式がありますが，私たちにとって英語は外国語であるので「英国あてには英国式を，アメリカあてにはアメリカ式を」と厳密に考えなくてもよいでしょう。英国向け，アメリカ向けを問わず，いずれかの方式を使えばよいということです。

(2) **「本文」**：まず，「件名」を決め，次いで，初めの文(第1パラグラフ：導入—なぜこのレターを書いているか)と終わりの文(最終パラグラフ：終結—相手のアクションを求めたり，あいさつで終わることが多い)を書きます。この終わりの文は「レターの目的」と大きく関わることになります。次いで，展開部の進め方は，キーポイントを書きあげながら決めていきます。「ワンパラグラフ，ワンアイディア」を守ります。この内容によって続くパラグラフが1つか2つか，それ以上になるのかが決まります。各パラグラフでは，初めに，キーセンテンスを書き，それに情報を書き加えていくようにします。

(3) **「トーン」**：相手先との関係を考えて，文のトーンに配慮します。

Unit 2　ファックスの体裁と実例

ファックス

　ファックス(fax)は，ファクシミリ(facsimile)の短縮語です。語頭のfacsをとって発音からfaxとしています。もともと「類似のものを作る」という意味です。ファックスは，電話回線を利用して相手方に通信文をコピーのかたちで送ります。faxは名詞(ファックスの送受信装置，ファックス・コピー)，動詞(ファックスを送る)で使うことができます。

ファックスの利点・難点

　相手方に即時に着く，料金が安い，不在通信ができる，などの利点があり大いに普及しています。ただ，番号を間違って押したことに気づかず，そのまま送ってしまう間違い送信，また，受信時に本人が不在であれば，

誰にでも通信の内容を見られてしまうような，機密性がないという欠点もあります。従って，送信の際のファックス番号の確認，それに，機密性のある通信ならば，送信の連絡をしてもらい，必ず送信時に本人が待機するなどの注意が必要です。けれどもファックスは，このような点に気をつければ，通信内容は他所に記録されることもなく，機密を保つことができます。この点，機密の漏れる恐れのある E メールにはない利点があります。

ファックスの英語

　ファックスという装置を利用して通信するので，メッセージの英語は，郵便で送るレターの英語と変わりません。ただ，送信手段の違いから，独自の体裁を持つことになります。

ファックスの体裁

　レターの体裁を見ましたが，レターに固有の体裁があるように，ファックス通信にも固有の体裁があります。ファックスには，ふつう，次の項目を盛り込みます。
　（1）　ファックス送信の明記(FAX; FAX TRANSMISSION; FAX COMMUNICATION などを記す)
　（2）　送信者とその組織名・住所・ファックス番号・電話番号（送信に問題があった場合の確認のため特に必要）
　（3）　受信者とその組織名・住所・ファックス番号・電話番号
　（4）　送信日
　（5）　送信枚数
　（6）　用件の欄
　（7）　あて名以外への配布先(C.C. または Copy/Copies to と表示)
　（8）　メッセージ用の余白
　このような情報を
　①用紙の上部に表示する，あるいは，
　②カバーシート(cover sheet)，あるいは，カバーページ(cover page)
　　といわれる送信の第 1 ページに表示する，
という 2 通りの方法があります。[Fax (1)] [Fax (2)] は，①のケース，[Fax (3)] は，カバーシート/カバーページを付けた②のースです。

[Fax (1)] 訪日のお礼と旅の報告

Fax To: Mr. Jun Kobayashi

From: Mary Williams (Phone: 852 2815 9456)

Date: April 1, 200X

Fax No: 81 6 6389 8390

No. of pages: 1

Dear Mr. Kobayashi,

Many thanks for buying me breakfast last Sunday. It was great to see you and Mrs. Kobayashi again!

The weather was fine yesterday before we left. So, we decided to go to Nara again in the morning even though it was a bit of a rush. This time, we managed at last to see some beautiful sakura. My friends were so happy and they said it rounded off the whole trip nicely. We were really lucky!

Let's keep in touch and maybe I'll be back again this year! (I'll work harder to get more $$ for the ticket.)

Best regards,

　(signature)

Mary Williams

[Fax (1)]
　香港の友人のメアリーからのファックスです。パーソナルなものですから、初めの表示項目も簡単で、また、文体も informal です。
　[大意]「謹啓」(親愛なる小林様)「この前の日曜日朝食をご馳走になりありがとう。あなたと奥様にまたお目にかかれすばらしかったです」「昨日、出発前は晴天でした。それで、私たちは、ややあわただしいことでしたが、朝に再び奈良に行くことに決めました。今回は、とうとう美しい桜を見ることができました。友人たちは、とても喜び、これで今回の全旅行

レター・ファックス・Eメール　183

をうまく終えることができたと言っていました。私たちは，ほんとうにラッキーでした」「文通を続けましょう，多分，今年またそちらに戻るかもしれません。(航空機の切符のためにもっとお金をもうけるようにより懸命に働きます)」「よろしく」

- buy＜人＞＜食事＞「＜人＞に＜食事＞をご馳走する」
- a bit of a rush「ややあわただしいこと」
- manage to…「…をなんとかやりとげる」
- round off the whole trip nicely「全旅行をうまく終える」
- keep in touch「文通を続ける，連絡をとり続ける」
- be back「戻る」(結果を示す be back を return の意味で使う)
- to get more $$「もっとお金をもうけるために」($は，ドルを示す記号で，ここでは「ドル＝money」の意味で使われている)

ファックスの体裁

「あて先」を示すには To: を，発信者を示すには From: を使い，それぞれコロンをつけています。そのまま，「…へ」「…から」ということで，わかりやすい表現です。

電話・ファックス番号

あて先の Fax No: 81 6 6389 8390を見ましょう。海外から日本に電話・ファックスする場合，まず，国際電話局(その国の番号を調べること)を呼び出します。その次に，日本の国番号(country code)である(81)をプッシュし，次いで，地域番号(area code)の初めの(0)をとってプッシュします。東京の地域番号は(03)大阪なら(06)ですが，海外からであればそれぞれ(3)または(6)だけでよいのです。後の番号は同じです。

日本から海外に電話する場合も国際電話局を呼び出し(001, 0061, 0081など)，次に，相手先の番号に地域番号があれば，同じように，(0)を取っ

[COUNTRY CODE]

China	86	Hong Kong	852	India	91
Taiwan	886	Canada	1	U.S.A.	1
Germany	49	United Kingdom	44	Italy	39
Japan	81	New Zealand	64	Australia	61

てプッシュしていきます。発信者の香港のファックス番号を見てください。香港の国番号は(852)ですが，香港には地域番号がありませんから，[0]をとる必要はありません。

　参考までに，国番号の例をあげておきましょう(p.183)。

[**Fax**（2）] 取引先へ工場見学の申し込み

SUNMOON INC.
3-18-5 Sendagi, Bunkyo-ku, Tokyo 113-0022 Japan (Phone: 03-5685-0423/
Fax: 03-5635-1769/E-mail: yamada@sunmoon.or.jp)

FACSIMILE

To: Mr. D. R. Wilkinson,
　　　Manager, Packaging Department, Bobline Beecham
Fax No: 44 81 975 5544　　　　　　From: Kazuaki Yamada
Date: September 18, 200X　　　　　Page: 1 of 1
Subject: My UK Visit

Dear Mr. Wilkinson,

I will be traveling to the UK in October for a visit to the London Pack Fair and would very much like to visit Bobline Beecham during my stay in London. I understand that Mr. Kazuo Takada has already telephoned you and arranged a visit for October 10 and 11.

During my visit, if it is possible, I would like to see the packaging operation in your production plant and also your in-house packaging production. If there is time, I would like to visit one or more of your packaging suppliers.

I look forward to meeting you in October.

Yours sincerely,

　(signature)

Kazuaki Yamada
Packaging Development Manager

［Fax（2）］
　ロンドンでの見本市に出かける機会に，取引先の工場を訪問したいとのファックスで，［Fax（1）］と同じように，初めの部分に必要事項を記して，メッセージを書いています。
　［大意］「謹啓」（親愛なるウィルキンソン様）「私は，ロンドン包装見本市訪問のため10月に英国に行くことになっており，ロンドン滞在中にボブリン・ビーチャムをぜひ訪問したいと思っています。高田和夫がすでにあなたに電話をして，10月10日11日に訪問を取り決めたと理解しています」「訪問中，もしできれば貴社の製造工場で包装作業を，また，貴社内部での包装製造を見たいのですが。もし時間があれば，貴社の包装供給業者の1社あるいは2社以上を訪問したいのです」「10月にお目にかかれることを心待ちにしています」「敬具」
◆ packaging　operation「包装作業」(packageは内装の包装を意味する)　◆ in-house「会社内部の」

ファックスのページ数
　送信のファックスが全部で何ページあるかということは，大切なことです。したがって，ファックス送信では，必ずページ数を明記します。その書き方にはいろいろあります。いくつかその例をあげましょう。
　［全部のページ数を表記する］
- Page(s): 1　（ページ数：1ページ）
- Number of page(s): 2　（ページ数：2）
- Page(s): 1 of 2　（ページ数：2ページうちの1ページ。全部で2ページで，このページは1ページ目であるということ）

［カバーページを使用の場合，そのページを含んで何枚，あるいは，そのカバーページの後に何枚続くと表記する］
- NUMBER OF PAGES: 4 (INCLUDING COVER PAGE)（ページ数：4，カバーページを含んで）
- Number of pages including this cover: 3（カバーページを含んでのページ数：3）
- Pages, including this cover page: 02(two)（このカバーページを含んでのページ数：2）
- If you do not receive 2 pages, including this one, please contact us immediately.（このページを含んで2枚なければ，ただちに当社

にご連絡ください)
- Page(s) to follow: 1(カバーページの後に続くページ数：1)

前置詞の for

「いつに…を取り決める(arrange)」「いつに…を予約する(reserve)」「いつに…を計画する(plan)」「いつに予定されている(be scheduled)」と言うとき，「いつに(時)」の表現には，前置詞の for を使います。

(1) a. Mr. Kazuo Takada has arranged a visit for October 10 and 11. (高田和夫は10月10日11日に訪問を取り決めました)
   b. We have arranged a meeting for tomorrow. (私たちは，ミーティングを明日に取り決めました)

同様に，reserve, plan, be scheduled の例です。

(2) a. Please reserve a single room at the Osaka Hilton for the nights of November 15 and 16. (大阪ヒルトンに11月15日と16日の晩，シングルルームを予約してください)
   b. I am planning a party for the day after tomorrow. (明後日にパーティを計画しています)
   c. The regular meeting is scheduled for 10 a.m. tomorrow. (定例会議は明日午前10時に予定されています)

[**Fax** (3)] クレーム解決の報告(カバーページ付き)

CANADIAN CAN MANUFACTURING, INC.
18 Bethridge Road, Etobicoke
Ontario M9W 1M6 Canada
Telephone: (416)743-6852 Fax: (416)743-4961
Voice Mail: (416)740-9600

FAX CORRESPONDENCE

DATE: April 27, 200X

TO: Mr. Takashi Chikada, Manager
        Production Department
COMPANY: Takara Corporation

FACSIMILE NO.:   011-81-3-5255-8655

FROM: Stephen J. Stevenson

COMPANY: Canadian Manufacturing, Inc.

FACSIMILE NO.:   (416) 743-4961

PAGES TO FOLLOW: one

C. C.:   D. Takahashi - Takara
A. Kramer - Canadian Can

COMMENTS:

(第 2 ページ)

CANADIAN CAN MANUFACTURING, INC.

PAGE 2
April 27, 200X
FAX TO: Mr. Takashi Chikada, Takara Corporation

Dear Mr. Chikada,

<u>Packing Damage Claim</u>

We have received your helpful fax regarding the above claim, and have passed it on to the factory for review. As you know from your recent visit, the packing damage problem has been resolved at the factory and you should not receive any more damaged items. You may still have some in stock, however. The stains are also being given special attention and, as discussed, should be appropriately removed here, prior to shipment. We believe that positive steps have been taken to eliminate these defects.

If you are holding any stock, it may be disposed of at Takara, if necessary. We will issue you our check for $2,253.47 in payment of this claim.

Please accept our apology for any inconvenience. Thank you for bringing

> this matter to our attention.
>
> Sincerely yours,
>
>   (signature)
>
> Stephen J. Stevenson
> Export Sales Dept.
>
> SJS:cp

[Fax (3)]
［大意］「謹啓」（親愛なる近田様）「包装の損傷クレームの件」「上記クレームについての貴社の有益なファックスを受け取り，再検討のため工場に回しました。最近のご訪問からおわかりのように，包装の損傷の問題は工場で解決されましたので，貴社は損傷商品をもう受け取ることはないでしょう。けれども，まだ在庫にいくらかの損傷商品を持っておられるかもしれませんが。また汚れにも特別の注意が払われており，話し合われたように，こちらで出荷に先立って，適切に取り除かれるはずです。これで，これらの欠陥を除去するために積極的な措置が講じられたことと信じております」「在庫をお持ちでしたら，必要ならば，タカラで処分していただいて結構です。当社は，このクレームの支払いとして貴社あてに2,253.47ドルの小切手を振り出します」「ご不便にたいしお詫び申し上げます。この件に当社の注意を向けていただいてありがとうございました」「敬具」

- ♦ an issue「問題」（＝a matter; a case)
- ♦ resolve「解決する」（＝solve)
- ♦ stains「汚れ，しみ」
- ♦ appropriately「適切に」
- ♦ remove...「…を取り除く」
- ♦ prior to...「…より前に」（＝before)
- ♦ positive steps「積極的な措置」
- ♦ eliminate these defects「これらの欠陥を除去する」
- ♦ dispose of...「…を処分する」
- ♦ issue a check for〈金額〉「〈金額〉の小切手を振り出す」
- ♦ accept one's apology for...「…にたいする謝罪を聞き入れる」

2ページ目の用紙

　ファックス通信の2ページ目の初めに，ページ数(PAGE 2)，日付(April 27, 200X)，あて先(FAX TO: Mr. Takashi Chikada, Takara Corporation)などを明記します。これは1ページから2ページに間違い

なく続くという確認のためです。

クレームは権利主張（claim）

　クレームは，相手先が義務を完全に履行しないことから発生する権利主張です。ここでは，包装の損傷，また，汚れがクレームの問題となり，早速，適切な処置がとられたこと，また，償いとして小切手で支払いをすると告げています。このようにクレームに対してはまず，どのような状況のもとで発生したのか，いかなる対応策をとるのかを告げるようにします。謝罪は最後のパラグラフでもよいのです。また，詫びた後に，Thank you for bringing this matter to our attention. と感謝を述べていることも大切な点です。あわせて，第1パラグラフの始めの your helpful fax の helpful も，さりげなく使われています。ともにきめのこまかい使い方がされています。

　クレーム（claim）という語は，ネガティブな含みをもつので，避けるようにとの教えもありますが，この例のように，当方に非があることを認め，その解決の話し合いもされていることから，当然の権利主張としての claim という語は，他の語にわざわざ置き換えられることなく使われます。

Unit 3　Eメール

Eメールとその利点

　Eメール（e-mail）は，electronic mail（電子メール）の短縮語で，コンピュータからネットワークを通じメッセージを相手方に電子によって送る通信方法です。Eメールでは，ファックスのように1件ずつコピーして送る必要はなく，目の前のパソコンの画面上の操作だけで送信できます。しかも必要ならば，同じ内容を複数の相手に送信することも可能です。また，パソコンがあれば（携帯電話も可能），どこからでもアクセスできますし，また，通信内容は記録されます。

　米国での，このEメールのルーツは LAN と呼ばれる社内連絡用のメモランダムでした。これが1企業内にとどまらず，公衆電子メールサービスのネットワークを介して，広く企業間でのコミュニケーションに利用さ

れるようになりました。

メールボックス

　Eメールがファックスや電話と異なる点は，送信するメッセージを直接に相手先に届けるのではなく，中継点である相手のメールボックスに預けます。そこに相手がアクセスし，メールボックスを開いて，それをパソコン画面に呼び出してはじめてコミュニケーションが可能になります。このアクセスを悪用することも可能で，Eメールは機密性の点で問題があるわけです。機密文書ならば，暗号を使うなどの配慮が必要です（この暗号の研究がとりわけ進んでいるのがアメリカです）。

プロバイダー（接続業者）

　Eメールを利用するには，インターネットのサービスプロバイダーと契約します。このサービスプロバイダーは私たちのパソコンとインターネットを結んでくれるサービスをする企業です。このようなプロバイダーとの契約で，Eメールアドレスを取得することができます。

Eメールの体裁

　Eメールの体裁は，メモランダム，あるいは，カバーページを使わないファックスの体裁と同じようなものです。次は，初めの部分の1例です。
　　Date: Monday, 24 July 20 07:46:00 JST（ここでは，日本時間が表示されている）
　　From: Takii〈takii@nifty.ne.jp〉（@は'at'，利用プロバイダーが続く。ここはニフティを利用している）
　　To: shinsaku@mail.unm.edu（University of New Mexico, Educationあて）
　　Subject: Thanks（「お礼の件」。subject は sub と略されることもある）
　これは友人にあてたもの，発信者(From:)の後にEメールアドレスを記し，あて先(To:)は相手のEメールアドレスだけです。

Eメールの英語

　社内通信用から発生したEメールは，基本的に person-to-person のコミュニケーションの性格を持ち，おしゃべり文体，短縮語/絵文字の使用などを交えて informal な使い方がされています。けれども，今や企業間

の大切なコミュニケーションの手段として利用されている実態を考えると，Eメールも formal なレター・ライティングと同様な態度が求められることになります。とくに注意すべきは，informal な通信のようにメッセージを直接入力し送信するのではなく，別途にメッセージを用意し，充分に proofread してから入力するという配慮が必要なことです。要はレターの英語と変わりない態度が求められることになります。

[E-mail (1)] 個人輸入問い合せの返信

Date: 11 October 200X
From: M S Sinclair 〈mailorder@maxberry.co.uk〉
To: Mr. Shigeki Takada 〈shigeki@nifty.ne.jp〉
Subject: Your Inquiry

Dear Mr Takada,

Thank you very much for your inquiry of 10 October.

We would be very pleased to send you a copy of our brochure which may be used for your personal requirements. The cost is £7.00 and payment can be made by Visa, Mastercard or JCB credit cards. Please give us your card type, number, and expiry date.

We would like to know where you heard about us. Would you be good enough to give us the name and, if possible, the address of the publication?

We look forword to hearing from you soon.

Best regards,

Sincerely yours,

M S Sinclair

［大意］「謹啓，親愛なる高田様」「10月10日付けお問い合わせありがとう」「あなたの個人的な必要品のために使用されるかもしれない当社のパンフレットを喜んでお送りいたします。値段は7ポンドで，お支払いは，Visa, Mastercard あるいは JCB のクレジットカードでできます。あな

たのカードの種類，番号，有効期限をお知らせください」「あなたが当社についてどこで聞かれたのかを知りたいのですが，その名前，できれば，その出版元の住所を教えていただけませんでしょうか」「お便りをいただけることを心待ちにしています」「よろしく」「敬具」

- expiry date「有効期限」
- Would you be good enough to...?「…してくださいませんでしょうか」
- publication「出版，出版物」

[**E-mail** (2)] 商品発送と代金請求の報告

DATE: Tue., Sep. 5, 200X
FROM: Douglas A Johnson 〈johnson@unm.edu〉
TO: Mr. Shigeki Oda 〈shigeki@nifty.ne.jp〉
SUB: EastPX

Dear Mr. Oda,

We have today dispatched EastPX by airmail.

The software package was ＄89.95 and the exact airmail charge was ＄26.36 with ＄4.50 state tax, making a total of ＄120.81. We have charged this amount to your Visa card account and have enclosed all the receipts with the software.

Thank you for your custom and please feel free to place orders in the future.

Sincerely yours,

Douglas Johnson
UNM Bookstore, University of New Mexico
johnson@unm.edu

[大意]「謹啓」(親愛なる小田様)「本日エアメールでEastPXを発送しました」「そのソフトは89.95ドル，正確なエアメール料金は26.36ドル，それに州税が4.50ドルで，合計120.81ドルとなります。この総額をあなたのVISAカード口座につけ，そのレシートすべてをソフトに同封しておきました」「お引き立てありがとうございました。これからもご遠慮なくご注文ください」「敬具」

- software package「ソフト」(市販の既製ソフトウエア)
- exact「正確な」
- make a total of...「合計…となる」
- custom「引き立て」
- state tax「州税」(米国での消費税は州単位で取る)
- enclose... with 〜「〜とともに…を同封する」(封筒を示すにはenclose... with 〜 in an envelopeとなる)

Eメールアドレス

　[E-mail (1)]の発信者名のところの〈shigeki@nifty.ne.jp〉のshigekiは「ユーザー名」，@の後のniftyがプロバイダーを示します。ne.はnetwork，jpはJapanを示す記号です。

STAGE V
受動態・繰り返し・丁重性
―メッセージを書くにあたって―

　まとめとして，メッセージを書くにあたって，ぜひ知っておきたい「受動態」(passive voice)，「繰り返し」(repetition)，「丁重性」(politeness)の3つを考えます。英語には，日本語と異なる「受動態」の用法があります。あわせて，この「受動態」と「繰り返し」は文(sentence)と文とのつながりを明確にして，読みやすい文章(text)に仕上げていくための必要なテクニックです。「丁重性」は人間関係の維持，発展に不可欠なポイントです。

　［受動態］英語では，ある動作を表現するにあたり，人を主語にとって能動態を使うのが通例です。けれども，いつも能動態ということでもなく，受動態も使われています。その効用を考えてみましょう。

　［繰り返し］これまでも繰り返しを取り上げてきましたが，基本的な使い方を示しておきます。文から文へ，パラグラフからパラグラフへとメッセージが進んでいくにつれ，そのアイディアの流れを分かりやすく，読み手に示すために必要な知識です。結束性(cohesion)という観点から見ることにします。

　［丁重性］もう1つのポイントは，丁重性です。私たちは，母語である日本語を使うときには，無意識のうちに丁重性を考えながら言葉を使いわけていますが，外国語である英語を使うに当たって，ある程度のものさしとなるような丁重性についての考え方が必要になります。特にビジネスでは大切です。

　以上の3点は，特にビジネスにかかわるメッセージを作成するに当たって，案外に見過ごされていることです。このような考え方を十分に理解すれば，これまでのメッセージとはひと味違ったものになるでしょう。

受動態・繰り返し・丁重性　　*195*

Unit 1　受動態（passive voice）

まず，受動態がどのような場合によく使われるかを見ましょう。

1．ふつうは受動態 — 感情を表す動詞

　STAGE IV, Unit 1 のレターの中に出てきた受動態の例をあげましょう。
(1) a. We are delighted to learn that you will be joining our school in Stratford-upon-Avon,...（ストラットフォード＝アポン＝エイボンの当校に入学されると知りうれしいです）［喜び］
　　b. If you are interested in meeting her, please contact her....（彼女に会いたいと思われるなら，…彼女に連絡してください）［興味］

　この，be delighted to...; be interested in... のような感情や心理関係を示す動詞は，ふつう，人を主語にとって受動態で表現します。もう少し例をあげましょう。
(2) a. I was surprised to hear that you were in hospital.（ご入院と伺い驚きました）［驚き］
　　b. We believe that you will be satisfied with this offer.（このオファーに満足されたと信じています）［満足］
　　c. We are convinced that we are offering you competitive prices.（当社は他社に負けない価格をオファーしていると確信しています）［確信］

　もちろん，このような動詞は，能動態でも表現できますが，通例，人を主語にして，まず「人がそのような感情や心理状態にさせられた」と受動態で伝えておいて，次いで必要に応じ「何にたいして」そのような感情や心理状態にさせられたのかを伝えるのが英語での自然な言い方です。この場合，(1b)(2b)のように，in, with, at, by などの前置詞や，(1a)(2a)のような to 不定詞，また，(2c)のような that 節が後に続き，そのような心理状態にさせられた原因を表していることが分かります。

2．動作主の主語を表現しないほうが望ましい場合／動作主が不明の場合

［Letter (6)］（STAGE IV, Unit 1「レターの体裁と実例」）の値上げ通知状をとりあげましょう。相手先には「よくない知らせ」(bad news)である「値上げ」には，受動態で言うのが望ましいことになります。次のように表現されています。

(3) ...our prices will be increased from 1 May 200X.
　　⇔ ...we will increase our prices from 1 May 200X.

「…当社は5月1日から値上げをします」(...we will increase our price...)という代わりに「…当社の値段が上げられます…」のように，動作主の「当社」(we)を主語にもってくるのを避けようとしています。

もう1つ指摘すべきことは，revise (our revised price list)です。日本語でも「改定する」のように言いますが，このreviseはincrease（上げる）という意味で使われ，「値段を上げる」(increase)というマイナスイメージの語を何度も使うことを避けています。

次の(4)も行為者を表現していません。行為者が不明の場合ならともかく，行為者が分かっているとすれば，意識的に行為者を明示しないほうが望ましいと考えたからです。

(4) a. This clause is erroneously typed.（この条項は間違ってタイプされています）
　　b. They admit that wrong goods were accidentally shipped.（同社は，偶然に間違った商品が出荷されたことを認めています）
　　c. Unfortunately, my plans have been changed.（あいにく，私のプランは変更されました）

次の(5)では，相手に何かをするように指示をだしたりする時に，指示者は分かっていますが，通常は，明示せずに受動態で表現します。

(5) a. Please note that all participants are required to prepare a ten-minute speech on some aspect of their work.
　　　⇔ ...we require all participants to prepare a ten-minute speech.... ［Memorandum (1)］
　　b. Before you open an account, the application form must be completed.（口座を開く前に，申し込み用紙に記入していただかなければなりません）
　　　⇔ ...you must complete the application form.

(5a)と(5b)で，能動態ではそれぞれ「(主催者は)全参加者に10分のスピーチを用意するよう求める」「あなたは願書に記入しなければならない」という指示になるところを受動態にして「…スピーチを用意するよう求められる(be required to...)」「…記入されなければならない(...must be completed.)」と，ややソフトなアプローチにしています。you にたいし「…をしなさい」という直接的な「要求」のアプローチを，受動態にすることによって，能動態の他動性が弱められています。be requested to...; be advised to... なども，この中にはいります。

3．動作主よりも受動態の主語のほうが重要である場合

[Fax (3)]からの例を見ましょう。
(6) a. As you know from your recent visit, the packing damage problem has been resolved at the factory and....（…包装の損傷の問題は工場で解決されました…）
　　⇔ ...we have resolved the packing damage problem at the factory....
　b. We believe that positive steps have been taken to eliminate these defects.（…積極的な措置が講じられたことと信じております）
　　⇔ ...we have taken positive steps to....

ここでは，包装の損傷問題がトピックで，その解決にあたっているのは we であることは自明のことです。そこで(6a)の「包装損傷問題」(the packing damage problem)と(6b)の「積極的な措置」(positive steps)が，それぞれのセンテンスでトピックとなり，それがどのようになっているかに焦点を当てていくには，やはり，それらを主語として受動態で表現するほうが適切であることになります。能動態と受動態では，同じ出来事を表現するのに，主語が違います。主語が異なるということは，「主題―解説」(topic—comment)の関係が違ってきます。(6a)では，the packing damage problem が主題であり，それに関わるコメントが続いています。これが能動態になると，主語の we が主題で，それについてのコメントが続くことになります。一般的にいって，人が主語になって能動態で表現されているセンテンスが断然多いなかで，このように受動態が使われるのは，「誰が」ということを主題としてとりあげる必要のない場合があると理解

できます。

4．文/節と文/節の結合を容易にする場合

まず，この例文を見ましょう。

(7) He rose to speak and was listened to with enthusiasm by the great crowd present. (彼は立ち上がって話をしたが，そこにいた大観衆によって熱狂的に耳を傾けられた)

　he を主語として始まった文に続いて and の後もその he を主語として表現しています。he という同じ主語で語られていますから，読み手にとって分かりやすい書き方です。つまり，ひとつの文から次の文へと続くとき，第1文から第2文へのつながりが分かりやすく明快なものでなければなりません。このつながり，まとまりが結束性で，この結束性から受動態が使われています。Stage IV のレターと E メールからの例を見ましょう。

(8) a. We can supply a complete line of red meat items and also variety meat items. All of these items are sold at the market price.... (当社は，赤肉，臓物とも全種類を供給できます。これらの全品目は…) ［Letter (3)］

　　b. The cost is £7.00 and payment can be made by Visa,... (そのコストは7ポンドで，支払いは…) ［E-mail (1)］

(8a)で，第1文の a complete line of red meat items and also variety meat items を受けて，All of these items で第2文の主語として始めていることは，読み手にとって第1文と第2文とのつながりが理解しやすくなります。(8b)では，個人輸入のためのカタログの値段は7ポンドである，とすると，読み手はその支払い方法に関心がいくわけで，そこで and に続く第2文は payment で始めています。こういった「結束性」から，前文を受けてそれに続く文の主語が決められ，その主語によっては，受動態になることがありうるわけです。この「結束性」を強めるもう1つの手段としての「繰り返し」は，Unit 2 でふれることにします。

　ここで確認しておきたいことは，英語である出来事を表現する場合，あくまで能動態が普通の言い方で，受動態がよく使われる科学的な論文でも受動態はわずか18％しか使われていません。この事実を念頭において受動態を効果的に利用することが肝要です。

　この Unit 1「受動態」の最後に，受身文に関連する構文を見ることに

します。

5. 受身文に似た構文

能動文と受身文

この Unit では、ある出来事を表現する時に通例の能動文を避けて、なぜ受身文を使うのかということを見てきました。もう一度、能動文と受身文を考えましょう。

(9) a. 能動文：Samara broke this glass.（サマラは、このグラスを割りました）
　　b. 受身文：This glass was broken by Samara.（このグラスは、サマラに割られました）

能動文(9a)を受身文(9b)に転換するための手続きは、次の通りです。
♦能動文の目的語(this glass)を受身文の主語とする。
♦能動文の主語(Samara)を受身文の動作主(agent)とする。その動作主は by phrase(by Samara)で表現される。ただし、これは随意的(optional)で省略可能である。
♦能動文の動詞を「be ＋ 過去分詞」(was broken)とする。

このように、受身文は、能動文の被動者(patient)である目的語を主語として再構築をした(restructuring)構文です。

中間構文：能動文と受身文の間

ところが、動詞の目的語を主語にとるのですが、次のように、動詞の形が受動態にならない構文があります。

(10) This glass breaks easily.（このグラスは割れやすい）

この(10)は、動詞の目的語であった this glass が主語である点では、受身文に似ていますが、動詞の形が受動態(is broken)にならず、能動の形(breaks)になっている点では、能動文に似ています。この文を能動文と受身文の中間にあると位置づけ、「中間構文」と呼んでいます。この(10)は次のように書き換えられます。

(11) This glass can be broken easily by people in general.（このグラスはだれにでも容易に割られます）

つまり、中間構文では動作主は表面には現れませんが、意味の上では people in general（だれにでも）が潜在的に存在すると言えることになり

ます。ここでわかることは，中間構文は「主語の特性」を描写する機能をもっているということです。主語の this glass に「割れやすい」という特性があり，この特性が割れやすくさせていること，このような特性が主語に備わっているということになります。

要は「形が能動，意味は受身」という構文で，能動で表される出来事は，その主語の特性からもたらされるということで，主語の位置を占めるものの特性を言及するには格好の構文です。いくつか例文をあげておきましょう。

(12) a. The book sells well. (その本はよく売れます)
b. This book doesn't sell. (この本は売れません)
c. This kind of cloth washes easily. (この種の布は簡単に洗えます)
d. The car drives well. (その車はよく運転できます)
e. The scientific paper reads like a novel. (その科学論文は小説のように読めます)

この中間構文に使用可能な動詞は，意味的に，変化(break, cut, slice, clean, etc.)，変容(bake, cook, peel, wash, wax, etc.)，移動(move, lift, sell, etc.)，操作(drive, iron, type, play, read, etc.)などに属するものです。また中間構文の大半は，well, easily, poorly, with difficulty などの難易度を表す一定の副詞要素を伴っています。これは，主語の特性をより明確に示し，この構文の成立を助けている機能をもっています。また，このような副詞でなくとも，(12e)の like a novel のような比較の対象や，(12b)の否定の not のように，十分な情報価値を与える表現であればよいことになります。この中間構文から，更に次の構文が連想されてきます。

潜在中間構文

(13) a. This book is eminently readable. (この本はきわめて読んでおもしろい)
b. This glass is breakable. (このグラスはこわれやすい)
c. The shirt is washable. (このシャツは洗濯がききます)
d. These items are normally available from stock. (これらの品目はふつうは在庫から入手可能です)

中間構文はだれがしてもそうなるという主語の特性を語る「可能性」を表すものであるので，当然(13a)ならば This book can be eminently read. と表現できます。とすると，(13)の構文は，中間構文を潜在的に秘めたものと理解してよいということになります。したがって，動詞の語尾に -able/ible を付けてできた形容詞は，一般的に言って「され得る」という受身の意味を持つ，ということができるでしょう（ただし「…する価値がある」という意味をもつ admirable のような例もあり，また，comfortable（心地よく思う）；sizable（相当に大きな）；suitable（…に適した）のように受動的な意味でなく，能動的な意味を持つものもあります）。いくつか例をあげておきます。

acceptable（受諾しうる）
accessible（接近できる）
advisable（当を得た）
available（利用できる，入手できる）
avoidable（避けられる）
believable（信じられる）
breakable（こわれやすい）
credible（信用されうる）
desirable（望ましい）
enjoyable（楽しめる）
irrevocable（取り消し不能の）
movable（動かせる）
payable（支払うことのできる）
readable（読んでおもしろい，読むことのできる）
recommendable（推薦されうる）
reliable（信頼され得る）
responsible（責任がある，信頼できる）
understandable（理解されうる）
visible（目に見える）
washable（洗濯のきく）
workable（使える，実行可能な）

この Unit では，普通には能動態が使用されるものの，時には，受動態ならではの使い道もある，という受動態の効用を考えました。あわせて，受動態の周辺に存在する中間構文は，主語にたつものの特質からある出来事が引き起こされる時に，他にはより適切な構文が見当たらず，更に潜在的に -able 形容詞が見え隠れするところも見ました。このような関係を理解しておくことは，実際にメッセージを書く時に役立つことになります。この受動態に関わることを含めて，文と文とのつながり，つまり，結束性をさらに考えてみましょう。それが，次のポイントです。

［注］この Unit では，影山太郎著『動詞の意味と構文』（大修館書店，2001）第 7 章「中間構文」を参考にさせていただいた。

[**REVIEW EXERCISES**]
全文との繋がりを考えながら，下線の部分を受動態で表現してみましょう。
1. These items are normally available from stock and we can dispatch them upon receipt of payment in advance.

↓
   These items are normally available from stock and _____ upon receipt of payment in advance.
2. Thank you very much for your order. We have now charged the amount to your VISA account.
   ↓
   Thank you very much for your order. _____ to your VISA account.
3. Your goods will be dispatched to you as soon as possible, and we trust that you will receive them in due course.
   ↓
   Your goods will be dispatched to you as soon as possible, and we trust that _____ in due course.
4. We are glad to attach a price list. We quote the prices on FOB Japanese port in our currency.
   ↓
   We are glad to attach a price list. _____ on FOB Japanese port in our currency.
5. We have received your remittance for your order No. 066. We will ship your goods by the TAIYO MARU, scheduled to leave here on October 28.
   ↓
   We have received your remittance for your order No. 066. _____ by the TAIYO MARU, scheduled to leave here on October 28.

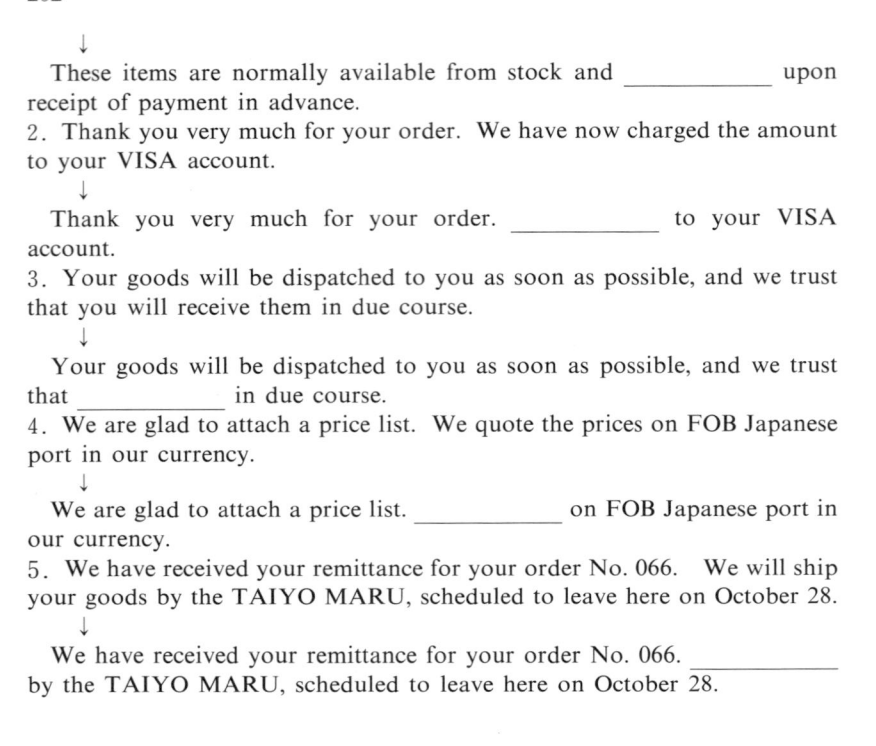

Unit 2　繰り返し(repetition)

　英語では，原則として主語・目的語などの名詞相当語句を必ず表現します。したがって，メッセージを書くに当たり，文から文へと話の内容を進めていくなかで，前文に出た名詞相当語句やことがらを繰り返し言わなければならないことが多くなります。これまでも「繰り返し」にふれてきましたが，文章(text)を構成する文(sentence)と文の間を意味の上から結びつけるのが「結束性」(cohesion)です。これには，指示代名詞，人称代名詞，定冠詞，接続詞，接続語などがその役割を果たす文法的結束(grammatical cohesion)と，語彙に工夫をこらしてその機能を果たす語彙的結束(lexical cohesion)があります。ここでは，まず文法的結束の代

表である代名詞による「繰り返し」を見ながら，語彙的結束のいろいろを考えましょう。

1．代名詞による繰り返し

この「繰り返し」の基本的なものは，人称代名詞です。STAGE IV からの例です。

(1) a. Could you please complete <u>the grading test</u> and return <u>it</u> to us as soon as possible?
   b. I would like to express my sincere thanks to you for <u>the gifts which arrived in my office this week</u>. <u>They</u> were a very pleasant surprise.

(1a)では the grading test を指して it という人称代名詞で置き換え，(1b)では the gifts which arrived in my office this week を指して，同じく，人称代名詞の they に置き換えています。これが日本語であれば，(1a)では「そのクラス分けテストを仕上げてなるべく早く（それを）返送してもらえませんか」のように，(1b)では「今週私のオフィスに着いた贈り物にたいし心からお礼を申し上げます。（それらは）とてもうれしい驚きでした」のように，日本語では（それを）と（それらは）をわざわざ繰り返す必要はありません。けれども，英語では必要なのです。英語を学習する私たち日本人は「繰り返し」ということに注意を払わなければなりません。つまり(1a)(1b)ともに第2文（後節）ではそれぞれ it や they という人称代名詞が目的語・主語という文法的な役割を果たし，前文（前節）と意味的に結束しているのです。

このように，前に出た名詞相当語句を繰り返す時，前出のものであることを明確にするために，人称代名詞に加え，指示代名詞(this; that; such; same; so など)，不定代名詞(one; all; each; some など)，定冠詞(the)などを利用したり，また，動詞の代わりに代動詞(do)を使ったり，さらには，文/節と文/節を結びつけるために，接続詞(and; but など)，接続の意味をもつ副詞(so; also; therefore など)などを利用しています。このような文法的結束は，比較的に私たちに身近なものですが，もうひとつの結束構造である語彙的結束にはあまり気づかずに見過ごしているかもしれません。以下，語彙的結束の役割を果たす「同じ語」「上位語」「同意語」「特徴づけ・説明」「定義づけ」「要約語」による「繰り返し」の技法を見

ていきましょう。

2．同じ語による繰り返し

これは，「同じ語」(the same word(s))をそのまま使う用法です。

(2) Thank you very much for your order of June 21 for 200 units of our Copier <u>Model No. 222</u>. (当社の複写機モデルナンバー222，200台のご注文どうもありがとうございました)

The model you chose proved to be very popular and was sold out quickly. According to our production schedule, <u>Model No. 222</u> will be available by the end of August. (お選びになったモデルは，非常に評判がいいことがわかり，すぐに売り切れました。当社の生産計画によると，モデルナンバー222は 8 月の終わりまでに入手できるでしょう) [『入門ビジネス英語』p.88]

(2)の第 1 パラグラフ 2 行目の Model No. 222 を指示するために，第 2 パラグラフの 2 行目で Model No. 222 という語を繰り返しています。このように，同じ語をそのまま繰り返し，前出の語を指示することがあります。この例のようにパラグラフとパラグラフの間には「小休止」(a break)があり，パラグラフを越えて前のパラグラフの中の表現を新しいパラグラフの中で指示するには，人称代名詞では漠然としていて結束性に欠けるかもしれません。それが，第 2 パラグラフで it を使わずに，同じ語の Model No. 222 を繰り返している理由です。次の(3)(4)も同じ語の繰り返しですが，それぞれの効果を狙っています。

(3) If you cannot wait until April, we can recommend <u>Item No. E28</u>, instead. <u>This Item No. E28</u> has the same function as Item No. DX5, but is even more sturdily built. (もし 4 月までお待ちになれないなら，代わりに品目番号 E28 をお勧めします。この品目番号 E28 は，品目番号 DX5 と同じ機能をもっていますが，それ以上にいっそう強い構造になっています)

(3)の第 1 文の Item No. E28 は，第 2 文で This Item No. E28 と指示代名詞の this で限定して同じ語を繰り返しています。Item No. E28 を推薦していることから，同じ語を繰り返し印象づける効果を狙っています。推薦状の中で推薦される当事者の姓名を繰り返し使うのもこのケースです [STAGE IV, Letter (4)参照]。次は電話での対話です。

(4) (on the telephone)
 "I'd like to talk to <u>Ms. Slater</u>, please."（ミズ・スレイターと話を
  したいのですが）
 "I'm sorry, <u>Ms. Slater</u> is in a conference now."（せっかくですが，
  ミズ・スレイターは会議中です）

I'm sorry, she is....とせずに，Ms. Slaterと同じ語を繰り返していますが，これは電話での対話で，あなたが話をしたい「スレイターさんは」と，名前の確認のために同じ語を繰り返しているわけです。音声による電話での会話では，確認が必要です。(3)(4)のように同じ語を別の効果を意図し利用することもあります。

次は，よく利用される「上位語」による繰り返しです。

3．上位語による繰り返し

(5) Although it was more than six weeks ago, I received your letter of May 7, 200X about my order for <u>Royal Derby items</u>, but I have not yet received <u>the goods</u>.（6週間以上も前でしたがロイヤル・ダービー品目にたいする私の注文についての200X年5月7日付けのお手紙を受け取りましたけれども，その商品をまだ受け取っておりません）

(5)のRoyal Derby itemsは，the goodsに言い換えられています。この繰り返しでは，「ロイヤル・ダービー品目」を，その「上位語」である「商品」に，同一物指示の合図となる定冠詞を付けて利用しています。「上位語」「下位語」とは，一般的な語とより具体的な語との間にみられる意味上の関係について言う言葉です。ここでは「上位語」(superordinate)である「商品」が，対応する「下位語」(subordinate)の「ロイヤル・ダービー品目」を指しているわけです。

4．同意語による繰り返し

(6) <u>The goods</u> have been delivered to me today. Upon unpacking <u>the merchandise</u>, however, I have found that all the five plates are chipped.（その商品は本日私のところに届けられました。しかしながら，その商品の包装をほどいて取り出すと，お皿5枚すべて

が欠けていることがわかりました）

　文頭の the goods を受けて，第2文で the merchandise を使っています。merchandise は，goods と同じく「商品」という意味の「同意語」(synonym) です。つまり，同意語を利用した繰り返しです。

5．特徴づけと説明による繰り返し

(7) I would like to express my appreciation for your taking the time from your busy schedule to come and visit us.　We were very delighted to meet you, and we sincerely hope that we may be able to develop good relations with <u>your prestigious organization</u>.

　この下線部の表現 your prestigious organization は，次のように you で言い表すことができます。…we may be able to develop good relations with you.「…貴社とよい関係を発展させることができるかもしれない」ということを，ここでは you を「有名貴社」(your prestigious organization) と言い換えています。「組織」(organization) という「会社」(company) の上位語を使い，それに「有名な」(prestigious) という相手をほめる形容詞をそえて，相手会社の特性を説明しています。これは，特性を指摘する「特徴づけ」(characterization) による繰り返しの用法です。

6．定義づけによる繰り返し

　まず，例文をあげましょう。

(8) Unfortunately, I have found that all the five <u>plates</u> are broken and that the packing material around them is apparently inadequate for <u>such delicate china</u>.（残念ながら，お皿5枚すべてがこわれており，また，そのお皿のまわりの包装材料がこのようなこわれやすい磁器製品には明らかに不適切であることがわかりました）

　plates に such delicate china で照応しています。china（磁器）は plates の上位語ですが，ここでは，such delicate china（このようなこわれやすい磁器）として，plates の定義づけをしています。ここで …is apparently inadequate for plates. とするよりも，具体的に「こわれやすい磁器」で

あるという plates の特性を述べ，包装の不備を指摘したほうが説得力が強まることになります。「定義づけ」(definition) による繰り返しです。

7．要約語による繰り返し

(9) On May 4 we airmailed you <u>our catalogue and price list of Snap fasteners</u>, and would like to know what has developed on your side.（5月4日に貴社にホックのカタログと値段表をエアメールで送りましたが，貴社サイドでどのように進展したかを知りたいのですが）

　Could you please let us know how your buyers have been impressed by <u>our May 4 information?</u>（当社の5月4日の情報により，そちらのバイヤーがどのような印象をもたれたのかをお教えいただけませんか）

(9)の最後の our May 4 information は，1行目の our catalogue and price list of Snap Fasterners の中に書かれているホックについての種類，品質，特性，値段などの情報を指しています。これは「要約語」(summary word) よる繰り返しの例です。

そのほかによく使用される要約語の例をあげましょう。

accident（事故）	decision（決定，決心）	matter（件，問題）
action（行動）	difference（違い）	outcome（結果）
aim（目的）	example（事例）	proposal（申し込み）
agreement（同意，契約）	fact（事実）	step（手段）
case（事例，事件）	goal（目標）	suggestion（勧め，提案）
change（変化）	importance（重要性）	understanding（理解）
conclusion（結論）	incident（出来事）	

英語では，主語，目的語などを必ず機能的に表現しなければなりません。いつも代名詞だけを使っていては，結束が弱まることもありうるわけで，そのためにも語彙的結束の技法を利用し，読者の理解を深めるように努める必要があります。この点から，先にふれたようにパラグラフにも留意すべきで，パラグラフが新しくなると，その前のパラグラフに出ていた名詞表現や出来事を指示する場合に he/she/they/it などの人称代名詞を使用すると，読者にとって理解しにくいこともあります。そこで繰り返しの用

法を利用するわけです。また，文章そのものが単調になることを避けることにもなります。

8．繰り返しの実例

この繰り返しの Unit の最後に，実例をあげて，語彙的結束の効果を見ることにします。まず，繰り返しに人称代名詞のみを用いた例を見ましょう。

(10) Although it was more than six weeks ago, I received your e-mail (your ref. RDJ-092) about my order for Royal Derby items, but I have not yet received them.

Would you check whether they have been dispatched? Also, I would like to know when I can expect to receive them.

2行目の Royal Derby items を受けて，them を使い，4行目で they を使い，5行目では them と，それぞれ同一物指示の人称代名詞を利用しています。また，これらの人称代名詞の them, they, them に次のような他の繰り返しの表現を使うと(11)のようになります。

them → these goods（これらの商品）：［these ＋ 上位語］
they → my order（私の注文品）：［my ＋ 定義づけ］
them → the goods（その商品）：［the ＋ 上位語］

(11) Although it was more than six weeks ago, I received your e-mail (your ref. RDJ-092) about my order for Royal Derby items, but I have not yet received these goods.

Would you please check whether my order has been dispatched? Also, I would like to know when I can expect to receive the goods.

(11)は，より理解しやすく，めりはりのきいた文章になっているのが分かるでしょう。英語の文章にたいする心構えとして，読むに当たって［the/this/such, etc. ＋ 名詞］があれば「代名詞」と思い，書くに際しても代名詞を書こうとした時に「語彙的結束」の可能性を考えてみることが大切です。

Unit 3　丁重性 (politeness)

1. 丁重性とは

ブラウンとレビンソンの丁重性：2つのフェイス

　今もっとも影響力を持つブラウンとレビンソン (Brown & Levinson) のポライトネス・ストラテジー (Politeness Strategies) を参照しながら，ビジネスレターに多用される表現を丁重性の観点から考えましょう。

　この丁重性の理論は，ゴフマン (Goffman) が提唱した face の概念を根幹にしていますが，ブラウンとレビンソンは，この face を「顔」というよりはむしろ，「欲求」に近いものとして捉えました。つまり，コミュニケーションにおいて人間はだれでも「欲求」を持っていると仮定し，この「欲求」が「フェイス」と呼ばれるもので，そこに「ポジティブ・フェイス」(positive face) と「ネガティブ・フェイス」(negative face) という2種類のフェイスを位置づけしました。

ポジティブ・フェイスとネガティブ・フェイス

　「ポジティブ・フェイス」は，他の人によく思われたい，よい評価をされたい，仲間だと思われたいといった「プラス方向への欲求」に表れ，他方「ネガティブ・フェイス」は，自分の領域を他人にむやみに踏み込まれたくない，邪魔されたくない，自分の行動を自由に選択したいという「マイナス方向に関わる欲求」に表れます。

フェイス侵害行為とストラテジー

　この2種類の基本的な欲求を脅かす可能性のある行為を「フェイス侵害行為」(FTA: Face-Threatening Act) と呼びます。例えば，人に何かを頼むという行為を考えると，頼まれる側の人間の「フェイス」を脅かすものであることが多く，また，その依頼を相手が断ることは依頼者の「フェイス」を潰すことになり，相手はそれを避けようとすると断れなくなってきます。けれども，断らなくてはならないようになると，相手は窮地に立たされることになります。この依頼のような行為が「フェイス侵害行為」で，そのような行為をするとき，私たちは，それを埋め合わせたり取り繕

うための言葉遣いをするものです。この言語使用が「ポライトネス」(丁重性)ということです。

フェイス侵害の度合い

そこで，ある発話行為が相手のフェイスを脅かす度合いの「フェイス侵害度」に応じて話者はポライトネス・ストラテジーを使い分けることになりますが，その度合いは，話し手と聞き手との間の社会的距離，また，両者の力関係，さらには，ある行為が特定の文化の中でどのくらい相手に負担をかけるか，の3つの要因が加算的に働いて決まるのです。

ポライトネス・ストラテジー

こういうことから，相手の「フェイス」を侵害する可能性をできる限り少なくしようとすることになり，あまりにも「フェイス」を脅かすと判断すると「FTAを避ける」つまり「なにも言わない」ストラテジーを選び，また，なにかを言明するということになると，そこに次の4つのFTAの可能性があるとして，それぞれのストラテジーを選ぶ([　]の中がストラテジーを示す)ことになります。

▼ FTAを言明する(on record)際は，
- I. あからさまにFTAをする [直接的な言語行動を行う：緊急の場合などに「逃げろ」「止まれ」など簡潔な言い方が適切な場合を指す]
- II. 相手のフェイスを脅かす度合いを軽減する [ポジティブ・ポライトネス：相手をほめたり，楽しくさせたりして相手のポジティブ・フェイスを満たすように努める]
- III. 相手のフェイスを脅かす度合いを軽減する [ネガティブ・ポライトネス：例えば，なにかを依頼する場合に相手のフェイスを脅かす度合いを軽減するために，押し付けがましくならないように直接的な表現を避け間接的な表現を使って，相手のネガティブ・フェイスを保つように努める]

▼ FTAをはっきり言明しない(off record)際は，
- IV. FTAをすることをほのめかす [伝達意図をはっきり言わずに，ほのめかす]

ここでは，ビジネス・コミュニケーションに深く関わりのある「II. ポジティブ・ポライトネスを使ってFTAをする」と「III. ネガティブ・ポ

ライトネスを使ってFTAをする」という2つのストラテジーを中心に見ていくことにしますが，まず，上記の「I．あからさまにFTAをする」のストラテジーを通して，さきにふれた異なる言語・文化での言語使用の違いを覗き見ることにします。

2．あからさまにFTAをする―日本語・英語の違い

英語は命令表現 vs 日本語は依頼表現

ブラウンとレヴィンソンは，提供(offer)の例として次の(1)をあげています。

(1) (You must) have some more cake.

この(1)では，命令表現であるからこそ効果的なオファーになります。オファーは，もともと聞き手の利益になることを申し出る発話行為で，この発話の背後に聞き手がケーキをもっと食べようとしない気持ちを打ち負かそうとする話し手の熱意が読み取れるからです。このように，オファーの表現は強くプッシュすればするほどポライトになってきます。ところが，日本語では「ケーキを食べなさい」というよりも「どうぞお召し上がりください」とやや遠慮がちに勧めるのがよりポライトになります。リーチ(Leech：1983)も指摘するように，英語でオファーをする際には，聞き手に'NO'と言わせないような命令表現である "Help yourself; Have another sandwich." がポライトで，その傾向は "Do have another sandwich!; You MUST have another sandwich!" となると，さらに増すとしています。逆に "Would you mind having another sandwich?" という言い方をすると日本語のニュアンスとは裏腹に，英語ではそのサンドイッチが「古くなった(stale)」か「食べられない(inedible)」か，また「毒が入っている(poisoned)」かということを暗示することになるのです。次のオファーも同様です。

(2) Buy now, pay later.

これは，商品のオファーの例で，日本語では「今，お買い求めになってお支払いは後で結構です」のようになるでしょう。これを「今，買って，後で払いなさい」と言うと，お客に対しては逆の効果をもたらすことになります。けれども，英語では，命令表現にしなければ商品に自信がないかのように理解されることになります。同様に，英語では命令表現ですが，日本語ではそうでないという「教示」「許可」「希求」「指示」「勧誘」の例

を「依頼」(Stage I, Unit 5)の［5．英語では命令；日本語では依頼］の中であげています。とりわけ，「勧誘」の"TRY & GET CHRYSLER."は，日本語で「今度のクライスラーは，見ているだけでは始まらない」となっているのも興味深いポイントです。

　もちろん，日本語のコピーでも命令表現は散見されます。「4月よ。体よ，目覚めなさい。」(1981，ギンザ松屋)「娘よ，母より美しくなれ」(1990，東洋陶器)のように「どこか漠然としていて捉えどころのない，何を主眼としているのか，はっきりしないものが多い」とされ，「ムード的な日本特有の」ものになっています。対照的に英語のそれは，「命令の技法では日本語に較べて，誰に対して何を指示しているのか，具体的で明確なチャッチフレーズがほとんど大部分を占めている」と指摘されています。[稗島一郎(1993) pp.103-110]

英語は自己主張志向 vs 日本語は謙譲志向

　ここでは，ポライトネス・ストラテジーの1つである「あからさまにFTAをする」に関わる表現をとりあげましたが，発話が相手の利益・恩恵になる，あるいは，そうなると確信しているならば，言うべきことは，はだかのままで伝えるのが英語文化ということになるのでしょう。ところが，同じ状況でも日本語文化では，自分のポジションを落とし，ややへりくだって，ソフトに相手に伝えます。英語は「自己主張志向」，日本語は「謙譲志向」と説明できます。英語では，明らかに相手のためになる時には相手の自由意志を尊重するというポジティブ・ポライトネスの圧力が弱くなり，英語の主張志向が働くとし，これにたいし，日本語では調和志向が働いて自分の主張は強く出さないというぼかし志向が強いとされます。[西光義弘(1997)，pp.282-283]

　けれども，いちがいに英語の主張志向，日本語の調和志向と決めつけることもできない部分もあります。この点「助言」に関する興味ある実験のレポートがあります。私たちは，アドバイスを例え求められていなくても喜んでしようとする傾向にあり，日本ではアドバイスする意志そのものが大切にされる文化です。けれども，アメリカでは，求められていないアドバイスをすることは「個人の自由でいたい」という気持ちを傷つける可能性(ネガティブ・フェイス)が高く，失礼にあたるとされています。つまり，FTAを避ける傾向にあるということです。文化の違いに基づく微妙な側面の一例です[東照二(1997)，pp.126-130]。それでは，相手のフェイスを

脅かす度合いを軽減するストラテジーであるポジティブ・ポライトネスとネガティブ・ポライトネスを見ましょう。

3．修正してFTAをする：ポジティブ・ポライトネスを使って

ポジティブ・ポライトネス・ストラテジー

　ここでは「あからさまに」言明するのではなく「修正して，それもポジティブ・ポライトネスを使って」言明するストラテジーを見ます。これには，15のポジティブ・ポライトネス・ストラテジーがありますが，ここでは，ビジネス・コミュニケーションに特に関わり合うものとして，次のA―Cの3つのテクニックをとりあげ，そのもとに①―⑧の8つの戦略を見ます。[この分類はPilegaard, M.(1997)を参照]

　II．<u>相手のフェイスを脅かす度合いを軽減する</u>：ポジティブ・ポライトネス
　　　A．<u>共通の場を主張する</u>(Claim common ground)
　　　　① 相手に配慮する(Notice, attend to receiver)
　　　　② 誇張する(Exaggerate)
　　　　③ 仲間内であることを示す標識を使う(Use in-group identity markers)
　　　　④ 同意点を探す(Seek agreement)
　　　B．<u>協力に焦点をあてる</u>(Focus on cooperation)
　　　　⑤ 楽観的になる(Be optimistic)
　　　　⑥ 活動の中で，話し手は相手を包含する(Include both sender and receiver in the activity)
　　　C．<u>相手の欲求にかなうようにする</u>(Fulfil receiver's want)
　　　　⑦ 理由を伝える(Give reasons)
　　　　⑧ 相手に有形・無形の贈り物をする(Give gifts to receiver: goods, sympathy, understanding, cooperation)

　上記の8項目のポジティブ・ポライトネス・ストラテジーが，具体的にビジネス・コミュニケーションのなかでどのように応用されているかを考えます。

A．共通の場を主張する

相手に配慮する［①］，誇張する［②］

(3) a. Thank you very much for your letter of 19 April and also for your completed enrolment form. I am pleased to confirm that we have reserved a place for you on our Midsummer Course 2. ［①］

　　b. We assure you of our very best attention at all times. ［①②］

(3a)では，Thank you very much for... と感謝しながら，実は相手のレターの受領を確認しその返事であることを知らせ，I am pleased to... と自分の喜びを伝えて，相手の求めている情報を提供しています。相手にアテンドするとの［①］のストラテジーにかなうものでしょう。(3b)では，注文に対するアテンドを伝えているのが［①］にかない，それも「ほんとうに最善の注意を(our very best attention)」「いつも (at all times)払う」というのですから，これこそ［②］の「誇張する」に相当することになります。

仲間内のことばを使う［③］

　これは，ジャーゴン(jargon)の使用を指摘しています。ビジネス業界でも「グループ内の用語」としてビジネスジャーゴンが存在します。このジャーゴンについては，「(ジャーゴンは)門外漢には分かりにくかったり，奇妙だったりする語句という側面に注目すると，ジャーゴンはあたかもコミュニケーションの阻害要因でしかないように映るかもしれない。しかしながら，他方ではジャーゴンは同一分野の専門家や仲間内にとってはわかりやすく，その使用によって親近感さえわくこともあるような語句とみることも可能で，まさにコミュニケーションの促進要因でもある」［秋山武清(1995) pp.16-17］と指摘されています。ただ，ジャーゴンの使用に関しては「通時的にみればコミュニケーションの促進要因として生成したものが，現在という共時的視点からは時代錯誤的に見えるものが多くなったということである」［同上 p.19］とされているように，その使用を避けなければならないものもあることは事実です。秋山氏の指摘に従うと，ビジネスジャーゴンは「専門語句」と「準専門語句」に分けて理解すべきであるとし，専門語句はSTAGE II Unit 4で見た次のようなものです。

　　inquiry(引き合い); quote(見積もる); order(注文); offer(オファー); subject to prior sale(先着順の条件で); shipment(出荷); FOB;

受動態・繰り返し・丁重性　215

　　CIF; B/L（船荷証券）; L/C（信用状）; commercial invoice（商業送り状）; insurance policy（保険証券）［③］

　これらの専門語句は，意味伝達が主たる機能で，とりわけ業界内では，コミュニケーションの促進要因として働くことは容易に理解できます。けれども，次の準専門語句は，文体形成が主たる機能であり，元来は格式ある文体をもたらしていたものが現在では奇妙に映り，時代錯誤の感を抱かせるものもあります。例えば，

　　prox./proximo（来月の）; inst./instant（今月の）; ult./ultimo（先月の）; your esteemed favor（貴簡，お手紙）; Yours dated October 1st to hand（10月1日付け貴簡拝受）

などようなものがあります。要は，時代錯誤の表現は避けるべきですが，業界の専門用語としてのジャーゴンは，コミュニケーションの促進要因として，ひいては，ポジティブ・ポライトネスにかなうものとして理解すべきです。

同意点を探す［④］
　(4) a. The arrangement is entirely satisfactory. ［④］
　　　b. We are the largest department store in Nairobi and have recently received a number of enquiries for your stainless steel cutlery. There are very good prospects for the sales of this cutlery,.... ［④］

　(4a)では，相手がした「手配」に100％の満足を表明し，(4b)では，相手の製品であるステンレス刃物類にたいする引き合いが多数あることを告げ，明るい販売見込みがあるとの情報を提供しています。相手の期待していることにそった応答をしています。

B．協力に焦点をあてる
楽観的になる［⑤］
　(5) a. We look forward to hearing from you soon. ［⑤］
　　　b. I hope you will be as excited as we are with the arrival of our new Christmas catalogue,.... ［⑤］

　返事を求めるときは，look forward to... を使うと教えられたものですが，考えてみると「お便りをいただけることを心待ちにしている」と，一方的に自分の期待感を表明しているだけです。これは，相手が自分に協力

してくれて返事をくれるであろうという「楽観的な気持になっている」のであり，また，(5b)は，クリスマスのカタログ発送の添え状の書き出しですが，あなたは当社と同じようにエキサイトしているだろうというのも「楽観的になって」(Be optimistic)のことからでしょう。次の(6a)も同類です。

(6) a. As soon as we hear from you about your specific requirements, we will be happy to discuss the best terms for you. [⑤]
b. If we hear from you about your specific requirements, we will be happy to discuss the best terms for you.

(6a)では，相手から便りをもらうことを前提にしているところが楽観的であり，それが積極的なアプローチにつながっていますが，これを(6b)のようにif-節で表現すると，便りをもらうことが仮定になり，消極的なアプローチになってしまうことがわかります。

相手を包含する [⑥]

(7) a. I hope that we will be able to see each other very soon. [⑥]
b. With regard to our telephone conversation today, I would like to confirm your schedule as follows: [⑥]

この「相手を包含する」は，inclusive 'we' を使うことです。「話し手である I/we」が「聞き手である you」を含めて「私たち we」と言う時，その we が inclusive 'we' です。"Let's..." の us も同様の表現で，(7a)の 'we'，(7b)の 'our' がそれに該当します。

C．相手の欲求にかなうようにする
　理由を伝える [⑦]

(8) Please let us have your invoice so that we may complete the necessary paperwork. [⑦]

(8)では 'invoice'(送り状：商品発送に添付し，商品明細を知らせ，請求書の役割をも果たす)が欲しいと頼んでいますが，'so that we may...' のように「文書業務をするために」と告げているところがこの「理由を伝える」(Give reasons)に該当します。

この「理由を伝える」ことは，ある意味で丁重性の核になるストラテジーで，相手先に依頼をするに当たっては，その理由を述べることを忘れて

はなりません。

有形・無形のギフトを贈る［⑧］

⑧は「共感，協力，理解などを示すように」ということで，(9a)のお祝い，(9b)のお悔み，(9c)の希求，(9d)の希望などの挨拶表現がこの中に入ることになります。

(9) a. I congratulate you on your promotion. ［⑧］［お祝い］
   b. We were distressed to read in *The Times* this morning that your CEO had died and I am writing at once to express our sympathy. ［⑧］［お悔み］
   c. May I wish you great success in your new position. ［⑧］［希求］
   d. I hope that our mutual relationship will be strengthened further. ［⑧⑤］［希望］

以上，友好的な人間関係を確立し維持していこうとするポジティブ・ポライトネスの具体例をあげました。次に，もうひとつのネガティブ・ポライトネスのストラテジーを見ましょう。

4．修正してFTAをする：ネガティブ・ポライトネスを使って

ネガティブ・ポライトネス・ストラテジー

相手の「ネガティブ・フェイス」（干渉されたくない，抑えつけられたくないという欲求）に向けられたストラテジーです。次の5つの基本的なテクニックのもとに，それぞれ⑨―⑱の10のストラテジーをとりあげ，具体例を見ることにします。

　Ⅲ．相手のフェイスを脅かす度合いを軽減する：ネガティブ・ポライトネス
　　A．推測・憶測を最小限に (Make minimal assumption)
　　　⑨　緩衝表現を使う (Hedges)
　　B．行動の自由を与える (Give freedom of action)
　　　⑩　間接表現を使う (Be indirect)
　　　⑪　相手に行動する能力/意志があるか尋ねる (Ask whether receiver can or will act)
　　　⑫　相手に行動する能力/意志があると思わない (Do not assume

that receiver can/will act)
　C. 強要しない(Minimize threat)
　　⑬　負担を軽減する(Minimize imposition)
　　⑭　敬意を示す(Give deference)
　D. 相手の権利を侵害したくないという欲求を伝える(Communicate sender's want not to impinge on receiver)
　　⑮　(相手への侵害を認め)謝罪する(Apologize)
　　⑯　両者を非人称化する(Impersonalize sender and receiver)
　　⑰　名詞化する(Nominalize)
　E. 相手のほかの欲求をも償うようにする(Redress other wants of receiver)
　　⑱　借りをつくることになるとはっきり言う(Go on record as incurring a debt)

A. 推測・憶測を最小限に
　緩衝表現を使う［⑨］
　(10) a. We do not think that your prices are sort of workable here. ［⑨］
　　　 b. Some manufacturers here seem to underquote you on this particular product. ［⑨］
　　　 c. ...I know it is a terrible imposition, but if you had any time, Sat. p.m., we could perhaps meet in Lancaster for a coffee? I'd be very grateful. ［⑨⑩⑬⑱］

　(10a)は"Your prices are not workable here."(貴社の値段は当地では通用しない)と言うところを「…多少(sort of)通用しないと思います(We do not think...)」のように断定を避けています。また，(10b)では"Some manufacturers here underquote you on..."(当地のあるメーカーは…について貴社よりも安い見積りをしています)を「…について貴社よりも安い見積りをしているように思われます」のようにしています。(10c)の"we could perhaps meet..."の'perhaps'も「緩衝表現」です。「会おう(meet)」ということを'perhaps'を使って「出来ましたら」と遠回しにもちかけています。また，"We could ... meet..."と仮定法過去を使っているのは［⑩］の「間接表現を使う」の例で，perhapsとともに「会いましょう」ということを躊躇しながらほのめかしています。"if you had any time"は，if節とあわせ 'had' という間接表現を使い，「もしお時間があれば」と相手が断る余地を残しながら会うことをもちかけるアプローチで［⑬］の「負担を軽減する」の例，"I know it is a terrible imposition, but..." は「ひどい押しつけであるとは分かりますが(申しわけない)」と［⑮］の「謝罪する」の例，I'd be very grateful は「(そうしていただければ)ありがたいのですが」と［⑱］の「借りをつくることになるとはっきり言う」の例です。このように，「会いましょう」ということを，緩衝表現を使い，強要しないようにもちかけていることがわかります。「緩衝表現」については，ブラウンとレヴィンソンはかなりのページ数を割いていますが，この中に「垣根表現」をとりあげています。相手に「良くない知らせ」を伝えなければならないとき，we regret; we are afraid; we are sorry; unfortunately などを添えて共感の気持ちを伝え，そのショックをやわらげようとするものです(Stage I, Unit 7「できる・できない」：垣根表現を参照)。

B．行動の自由を与える
間接表現を使う［⑩］，相手に行動する能力/意志があるか尋ねる［⑪］，相手に行動する能力/意志があると思わない［⑫］

これは「依頼」に関するものですが，「⑬負担を軽減する」「⑭敬意を示す」にも大きく関わっています。「依頼」を問題にするとき，基本的に，その行動主体，決定権，利益を考えなければなりません。相手の行動を頼み，その行動の決定権は相手が持ち，その行動によって頼み手が利益をうけるという構造をもつ行動展開が「依頼」で，頼み手が行動し，決定権は相手，その利益は頼み手ということになると「許可求め」という範疇に入ってきます。そこで，考慮すべきファクターは，両者の上下・親疎関係，相手が行動をするに際してどの程度のコスト(犠牲)がかかるのかということになります。ビジネスの場では，頼み手が「売り手」か「買い手」か，その頼む内容は両者の権利義務に関するものか，あるいは，無理なことなのか，その行動の結果，利益は一方的なものか，両者の利益に繋がってくるのか，それまでの両者の取引関係の歴史などを考えながら，どの依頼表現を使うのかを選択することになります。

次は「許可求め」の例です。当然，依頼よりもポライトなアプローチです。

　(11)　a. Could I see your passport?［⑩］

b. May we hear from you soon? [⑩]

 「依頼」では，ふつう相手の行為をとりあげて頼んでいきます。これは，相手がその行動を実行する権威(authority)があると認識し頼んでいくことになり，その行動の決定を相手に委ねるところにあると思われます。

 「依頼」の 'Will you'(意志を尋ねる)の系列は，業務上などの義務的行為を依頼するときに用いられるとされ，'Can you'(能力を尋ねる)は断られてもかまわない頼み方で，仕事の面で余分なことをしてもらうときなどに使われ，それだけに 'Will you' の系列よりも間接的でありポライトです。次は，'Will you' と 'Can you' の引用例です。

   (12) a. LINUS: Miss McCarle, will you send in the secretaries? [⑪]
          McCARLE: Yes, Mr. Larrabee.
      b. M: Mrs. Doubtfire, uh, may I speak with you a moment? [⑩]
          D: Oh, certainly, dear.
          M: Um, could you stay a few extra hours this evening? [⑩]
          [⑪]   [西光義弘(1997), p.273 ; p.277]

 (12a)では，上司である Mr. Larrabee が，オフィスで部下の Mr. McCarle に秘書を招き入れるよう頼んでいるケースで，業務上のことで 'Will you' を使っており，(12b)では，雇い主が使用人の Mrs. Doubtfire に余分の残業をしてもらうよう頼んでいるケースで 'Can you' の過去形の 'Could you' を使っています。

 I/We would appreciate... の頼み方は，'appreciate' が，もともと「評価する」の意味であることを考えると，頼みかたとしては，I/We would be grateful... のほうがポライトになるでしょう。ネガティブ・ポライトネス・ストラテジーの [⑱] の「相手が依頼の行為をしてくれたならば，自分は借りをつくることになるとはっきり言う」のアプローチであるからです。このほか，依頼表現として相手の利益に着目して，助言・勧め・勧誘のかたちをとったり，また，頼み手の希望・期待を表明する系列もあります。

C. 強要しない
  負担を軽減する [⑬]，敬意を示す [⑭]
   (13) a. If we could be of further service, please call or write. [⑬⑭]
      b. If you would like to take advantage of our service, please

contact us at the above address. [⑬⑭]

(13a)では「またお役にたつことができれば」、(13b)では「当社のサービスをご利用なさりたいなら」のように、次に please で始まる依頼構文の強要の程度を if 節で軽減しているわけです。

[⑭]「敬意を示す」は、話者が自分の立場を下げたり、相手の立場をあげようとする点に表れます。従って、このネガティブ・ポライトネスのすべてのストラテジーにかかわってくることになります。語いのレベルでは、相手先にかかわることを聞いた時に、hear よりも「伺う」という意味合いで learn を、1人称の I/we が 2人称の you のところに「行く」ときに「参る」というニュアンスで come を使うのも、この中に入ります。また、日本語で、いわゆる「ウチ」にあたる同じ店や同じ会社の人について「ソト」の人に対して言及するとき、自社の上司にあたる人でも「鈴木」と呼び捨てにするのは、この [⑭] の例です。英語には、この「ウチ/ソト」のシステムはなく、あくまで「個」のレベルになるので、Mr./Ms. Suzuki と言うことになります。

D. 相手の権利を侵害したくないという欲求を伝える
謝罪する [⑮]　(10c)を参照。
非人称化する [⑯]、名詞化する [⑰]
次の(14a)は受動態を使う非人称化の例、(14b)(14c)は名詞化の例です。
(14) a. Your goods will be dispatched to you as soon as possible, and we trust that they will be safely received in due course. [⑯]
b. At the same time, please indicate delivery availability. [⑰]
c. We look forward to being of further service to you in the future. [⑰]

(14a)で、'Your goods' を主語にして受動態を使い、さらに "...we trust that they will be safely received..." と受動態を続けて非人称化しています。(14b)では、貴社(you)がいつ引き渡し(make delivery)できるのか、と尋ねる表現を避けて 'delivery availability' と名詞化 [⑰] しています。(14c)では 'serve' という動詞表現を使わずに 'be of service' のように名詞化しています。

E. 相手のほかの欲求をも償う借りをつくると言う [⑱]　(10c)を参照。

5．ポジティブ・ポライトネスとネガティブ・ポライトネス
2つのポライトネスの使い分け
　以上見てきたように，ポジティブ・ポライトネスが用いられるのは，どちらかというと相手のためになり，自分のためにならない場合(申し出，奨励，挨拶，謝意など)に，ネガティブ・ポライトネスは相手のためにならず，自分のためになる場合(命令，依頼，要求，懇願など)に使用されると考えてよいでしょう。このように，ポライトネスは相手だけでなく自分も含めて考えていかなければならない言語活動であるわけです。
　では，この2つのポライトネスのどちらを優先させるかは，文化の違いによるところが大きいということになります。さきに，英語では命令表現，日本語ではそうでないものを指摘しましたが，ここでは，社会的上下関係に基づく要因に由来する日英語の表現の違いを「上司から部下へ」「お客から店員へ」の発話の中に見ることにします。

上司から部下へ
　ある大学の学長が秘書に指示を与えるときの発話です。
(15) I've just finished drafting this letter.　Do you think you could type it right away?　I'd like to get it out before lunch.　And would you please do me a favor and hold all calls while I'm meeting with Mr. Smith? [Tannen(1995), p.78]

　学長が秘書にたいし業務上の仕事を頼むとき，日本語ならば "Do you think you could…?"(やれば…できると思われますでしょうか)とか "…would you please do me a favor and…?"(お願いがあるのですが，…)のような間接表現は使わないでしょう。もっと直接的に「すぐにタイプしておいてくれないか」あるいは，せいぜい「すぐにタイプしておいてもらえないか」のように言いつけるものです。もしこれを「すぐにタイプしていただけませんでしょうか」のように言うと，部下は面食らうか，あるいは，何か勘ぐることにもなりかねません。このような現象は日本社会に根ざす「職階性(hierarchy)」にあり，職場で働く各人は，その「ハイアラーキー」によって結合されたグループのメンバーとして自覚し，上司は部下に何をすべきかを命令する権限があり，部下はそれに従わなければならない，という意識の存在がそのようにせしめているのです。少なくとも，アメリカ社会では，このような「ハイアラーキー」は「悪」と見なされ，代わり

に「平等(equality)」「親密さ(closeness)」に意識が優先すると言っていいでしょう。

　要は，英語では相手に負担をかけるときは職場での部下であっても間接的な(indirect)表現を使う [⑩] ということになります。当然，部下が依頼された仕事を仕上げたとき，上司は部下にたいして次のような謝辞を忘れないとされています。このねぎらいの言葉は日本人の上司にはあまり期待できないことかもしれません。

　(16) a. Thank you (for getting it on time).
　　　 b. That's most kind of you.

職場以外でも，次の(17a)の学校で教師が生徒に指示するとき，(17b)の病院で医師が患者に指示をだすときも同様の違いが認められます。

　(17) a. Would you be quiet?
　　　　　Would you like to open page 16?
　　　 b. Mr. Smith, please come in.
　　　　　Please sit down.
　　　　　Please open your mouth.　[(1988)中村平治：pp.43-44]

客から店員へ

　日本の社会では客の「上位意識」が強いものですが，英米社会では「対等意識」が優先します。私たちは，コーヒーショップで店員に「コーヒー」と言うだけで十分です。英語では，もう少し間接的な表現を使うことになります。

　(18) a. Coffee, please.（コーヒーをお願いします）
　　　 b. I'll have a cup of coffee, please.（私はコーヒーにします，お願いします）
　　　 c. Could I have a Bloody Mary, please?（ブラディマリー［カクテルの一種］を1杯いただけませんでしょうか）

　英語社会では，スーパー・マーケットのレジのところで客と店員は対等に対話し，お互いに Thank you. で別れます。店員はマニュアルどおりに対応し，客は無言で無表情で勘定をすませる日本の状況を考えると，大きな違いがあります。日本では客と店員は力（上下）関係を軸に話をするのに対し，英語社会では平等であることを基本に「親しさ」を軸にして話をしているわけです。英語のポライトネスは親しさ(friendliness)が大きく支配し，日本語では敬意(deference)が大きく支配しているのでしょう。よ

く指摘されることですが，家庭内での夫から妻へ，親から子への対話も，日本社会のそれは上下関係を前提としたものになることが多いのかもしれません。英語社会では「個」を尊重することから，個人の意志を重視することになります。

6．ビジネス・コミュニケーションとポライトネス

集団と個人 ― 文化の違い

　ポジティブ・ポライトネスは，友好的なビジネス関係を樹立したり，維持していく目的で利用されることが多いといえましょう。これは「共通の場を主張する」「協力するようにする」「相手の欲求を満たす」という性格を考えると当然のことになります。一方，ネガティブ・ポライトネスは，とりわけ，緩衝表現の使用，相手方への配慮，強要の回避，相手の権利の侵害の意識といった性格を持っていることを考えると，話合いのプロセスで自分の利益・恩恵を前面に出すほどその使用も多くなるでしょう。セールス・レター，見積り，オファーなどには，ポジティブ・ポライトネスが多く見られますが，ネゴの段階になると駆け引きも加わって，ネガティブ・ポライトネスが比較的多く見られ，不満，クレームになるとさらに大きく膨れ上がることになることがわかります。契約が締結され，その契約が円満に履行されている限りは，2つのポライトネスの役割は比較的小さくなるのでしょう。

　ポジティブ・ポライトネスは「対人関係の和」を志向し，ネガティブ・ポライトネスは「個人の自由意志の尊重」を志向しており，そこにポライトネスは集団主義と個人主義の両面をもち，いずれをどれだけ優先させるかは，それぞれの文化によって異なってくることになります。

理由を伝える［⑦］ことの大切さ

　依頼をするに際し please を使うことから始まる丁重さのレベルを考えましたが，併せて大切なことは，なぜ依頼をするのかという理由を伝えることでした。相手先に「パンフレットを送ってほしい」と頼むに当たっても，「送っていただければありがたい」と丁重な表現を使うだけでなく，なぜパンフレットを送ってほしいのか，という理由を伝えることも忘れてはなりません。これもポライトネスに通じます。このように，ポライトネスは，文レベルの発話の中で論じるだけではなく，談話の流れの中でとら

えるようにしなければなりません。
　したがって，この⑦の「理由を伝える」のストラテジーをさらに敷衍すると，ポライトネスを文レベルだけでなく，言語活動として談話の中で考え，必要ならば，理由を含めた状況説明をすることが必要です。とすると，パラグラフ・ライティングでふれた，導入→展開→終結という論理の流れと併せてポライトネスのストラテジーを考えていくことが大切になってきます。

参考文献

秋山武清(1995)「ジャーゴンと商業英語」『日本商業英語学会研究年報』第55号．日本商業英語学会．
東照二(1994)『丁寧な英語・失礼な英語』研究社出版．
東照二(1997)『社会言語学入門』研究社出版．
荒木一雄(1999)『英語学用語辞典』三省堂．
Bargiela-Chiappini, F. and Harris, S.J.(1996) "Request and status in business correspondence". *Journal of Pragmatics*, Vol.26, No.5, pp.635-662. Amsterdam: North-Holland.
Berk, M.L.(1999) *English Syntax*. Oxford: Oxford University Press.
Brown, P. and Levinson, S.(1987) *Politeness: Some Universals in Language Usage*. Cambridge: Cambridge University Press.
アンドルー・チャン(1998)『最新ビジネス用語英和辞典』大修館書店．
Fauconnier, G.(1994) *Mental Spaces*. Cambridge: Cambridge University Press.
Givon, T.(1993) *English Grammar* II. Amsterdam: John Benjamins Publishing.
Halliday, M.A.K. and Hasan, R.(1976) *Cohesion in English*. London: Longman.
橋本光憲［監修］(1999)『英文ビジネスレター事典』三省堂．
橋内武(2000)『ディスコース――談話の織りなす世界』くろしお出版．
林純三(1991)「商英における名詞表現の'繰り返し'の意味的考察」『日本商業英語学会研究年報』第51号．日本商業英語学会．
林純三(1994)『ビジネス英語の文法』愛育社．
林純三(1997)『入門ビジネス英語』成美堂．
林純三(1999)「英語の感謝表現」『関西外国語大学研究論集』第69号．関西外国語大学．
林純三(1999)「商業英語における'Politeness'についての一考察（その2）」『日本商業英語学会研究年報』第58号．日本商業英語学会．

林純三（1999）「ビジネス・コミュニケーションにおける受動文の効用」『平安女学院大学研究年報』第1号．平安女学院大学．

Huddleston, R. and Pullum, G.H.(2002) *The Cambridge Grammar of the English Language*. Cambridge: Cambridge University Press.

稗島一郎（1993）『広告の言葉，日英語の比較と対照』学文社．

蒲谷宏，川口義一，坂本恵（1998）『敬語表現』大修館書店．

影山太郎（2001）『日英対照　動詞の意味と構文』大修館書店．

葛西清蔵（1998）『心的態度の英語学』リーベル出版．

加藤正［主幹］，井本太郎・林純三［編］（1995）『新・実用英語ハンドブック』大修館書店．

小西友七［編］（1980）『英語基本動詞辞典』研究社出版．

小西友七［編集主幹］（1988，1994²，2001³）『ジーニアス英和辞典』大修館書店．

小西友七（1988）『英語のしくみがわかる　基本動詞24』研究社出版．

小西友七［編］（1989）『英語基本形容詞・副詞辞典』研究社出版．

Kuno, S.(1987) *Functional Syntax*. Chicago: University of Chicago Press.

Lakoff, R.(1973) *Language and Woman's Place*. Cambridge: Cambridge University Press.

Leech, G.N.(1983) *Principles of Pragmatics*. London: Longman.

三宅和子（1994）「感謝の対照研究——日英対照研究——文化・社会を反映する言語活動」『日本語学』7月号．明治書院．

森田良行（1998）『日本人の発想，日本語の表現』中央公論社．

村上英二（1998）『英語の文章の仕組み』鷹書房弓プレス．

長野格［編集主幹］他（1999）『ビジネス英語活用辞典』大修館書店．

中村平治（1988）『日英語の依頼と応答』大阪教育図書．

西原鈴子（1994）「感謝に関する一考察」『日本語学』7月号．明治書院．

奥田隆一（1999）『英語観察学——英語学の楽しみ』鷹書房弓プレス．

大塚高信（1970）『新英文法辞典』三省堂．

Oxford Advanced Learner's Dictionary(1995). Oxford: Oxford University Press.

Pilegaard, M.(1997) "Politeness in written business discourse: A text-linguistic perspective on requests". *Journal of Pragmatics*, Vol.

28, No.2, pp.223-244. Amsterdam: North-Holland.
Quirk, R., Greenbaum, S., Leech, G. and Svartvik, J.(1985) *A Comprehensive Grammar of the English Language*. London: Longman.
西光義弘［編］(1999)『日英語対照による英語学概論』くろしお出版．
Schegloff, E.A. and Sacks, H.(1973) Opening up Closings. *Semiotica* 8.
Searle, J.(1969) *Speech Acts*. Cambridge: Cambridge University Press.
Sligo, F.(1988) *Effective Communication in Business*. Palmerston North: Software Technology (NZ).
杉本孝司 (1998)『意味論——形式意味論』くろしお出版．
Swan, M.(1995) *Practical English Usage*. Oxford: Oxford University Press.
高見健一 (1995)『機能的構文論による日英語比較』くろしお出版．
高見健一 (2000)『機能的統語論』くろしお出版．
田中茂範 (1989)『ひと目でわかる英単語ネットワーク』アルク．
Tannen, D.(1995) *TALKING FROM 9 TO 5—Women and Men in the Workplace: Language, Sex and Power*. New York: Avon Books.
Thomas, J.(1995) *Meaning in Interaction: An Introduction to Pragmatics*. London, Longman.（浅羽亮一監訳『語用論入門』研究社出版，1998）．
鶴田庸子，Rossiter, P., Coulton, T.(1987)『英語のソーシャルスキル』大修館書店．
Tsui, Amy B.M.(1994) *English Conversation*. Oxford: Oxford University Press.
Webster's Dictionary of English Usage(1989) Merriam-Webster.
Wierzbicka, A.(1991) *Cross-Cultural Pragmatics*. Berlin: Mouton De Gruyter.
安井稔 (1996)『コンサイス英文法辞典』三省堂．
Yule, G.(1996) *Pragmatics*. Oxford: Oxford University Press.

Answers to GAP-FILLING EXERCISES

(斜線は前後いずれの語でもよいことを示す)

STAGE I

[**Unit 1** (1)] : (1) like ; information (2) would ; more/further ; call/telephone (3) business ; market ; help/assistance (4) to (5) would ; like (6) you ; to (7) interested (8) to (9) hope ; useful (10) will

[**Unit 2** (2)] : (1) look (2) forward (3) believe (4) trust/believe (5) that ; pleasure (6) am ; to (7) sure (8) confident (9) think (10) a. seems b. seem

[**Unit 3** (3)] : (1) I ; to (2) glad/happy/pleased (3) It ; to (4) that (5) nice (6) are ; to (7) know/have ; will (8) be ; if (9) It ; to ; to (10) pleasure

[**Unit 4** (4)] : (1) for ; to (2) Many (3) inviting ; time (4) would ; to ; forget ; for (5) thanks ; am (6) you ; your ; appreciate (7) grateful (8) your ; of (9) much ; what ; and ; kind (10) like ; for ; can ; me

[**Unit 5** (5)] : (1) please ; happy/glad/pleased (2) more/further ; please (3) call/ring ; hearing (4) in ; like ; please ; know (5) complete ; return ; would/should (6) appreciate (7) it ; would/could (8) your (9) Would/Could ; looking (10) would ; grateful ; personal ; catalogues ; credit

[**Unit 6** (6)] : (1) sorry (2) have (3) be ; to (4) regret ; of (5) regret ; cannot (6) seems ; too ; regret (7) impossible ; to (8) sorry (9) Unfortunately ; able (10) glad/happy/pleased

[**Unit 7** (7)] : (1) wish ; wishes (2) happy (3) hear ; you (4) on ; my ; luck (5) glad/happy/pleased ; me ; congratulations ; you (6) accept ; me (7) sorry ; have (8) accept ; you (9) to ; Congratulations ; care ; it (10) am ; to ; sad ; seems ; thanks ; there ; to ; wish ; health ; happiness ; progress

STAGE II

[**Unit 1** (8)] : (1) taking (2) sorry ; on (3) stay ; see ; with (4) arrive ; call/telephone ; come/proceed (5) for ; take (6) stay ; nice ; visit (7) travel ; return (8) trip ; contact (9) returned ; received (10) come ; see/meet

[**Unit 2** (9)] : (1) dispatch ; receive (2) send (3) shipped (4) remittance (5) charged (6) credited ; debit (7) visit ; bought (8) receive/have ; ship (9) convenient/suitable ; available (10) remitted ; TT ; receipt

[**Unit 3** (10)] : (1) write (2) call/telephone (3) fax (4) talk ; about ; discuss ; conclude (5) tell/inform (6) say (7) quote ; know (8) call/telephone (9) of (10) tell/inform

[**Unit 4** (11)] : (1) visited ; impressed ; like (2) hear ; happy/glad/pleased (3) note ; lower ; to (4) one ; interested ; believe (5) supply ; separate ; given/mentioned/quoted ; appreciate (6) for ; As ; enclose (7) tell/inform ; popular ; inquiries (8) attention ; send (9) parcel ; quality ; price (10) quote

[**Unit 4** (12)] : (1) offer ; following ; to (2) until/till ; acceptance (3) place ; as (4) send ; make ; TT (5) L/C ; confirm (6) discount ; more (7) letter ; favor (8) enclose ; return ; original (9) shipped ; on ; to (10) trial ; with

STAGE III

[**Unit 1** (13)] : (1) confirm ; reserved/booked (2) received ; are (3) been ; talking (4) arranging ; scheduled (5) be ; would (6) accept ; can (7) told/informed ; will (8) enjoyed ; was ; wish

[**Unit 2** (14)] : (1) 1) which/that 2) whom/who/that (2) 1) talking 2) enclosing (3) 1) imported 2) extended (4) asking/requesting (5) which/that ; that (6) informing/telling (7) extended ; visit ; returned (8) sent/dispatched ; where ; attach

[**Unit 3** (15)] : (1) however ; if (2) but ; to (3) Moreover/Furthermore ; if (4) and (5) Since/As (6) but ; and (7) fact ; available (8) whether/if

[**Unit 4** (16)] : (1) from ; on/upon ; in (2) for ; of ; for/on ; of (3) In ; for (4) in ; by ; at/on (5) in ; for (6) by ; at (7) for ; of ; in ; with (8) about/for ; in ; In ; under/in

Answers to REVIEW EXERCISES

STAGE V [Unit 1] :
1. ...can be dispatched...
2. The amount has now been charged...
3. ...they will be received...
4. The prices are quoted...
5. Your goods will be shipped...

[著者紹介]

林　純三（はやし　じゅんぞう）

神戸市生まれ。京都大学法学部卒。大阪YMCA英語学校専任講師，京都女子大学助教授・教授，関西外国語大学教授を経て，現在は平安女学院大学現代文化学部教授。国際ビジネスコミュニケーション学会・日本時事英語学会会員。

主な著書：『新・実用英語ハンドブック』（大修館書店，共編），『入門ビジネス英語』（成美堂），『ビジネス英語の文法』（愛育社）。

ビジネス英語２１
ⓒ Hayashi Junzo 2003

NDC 836　242p　天地21cm

初版発行─────2003年3月20日

著者─────林　純三（はやしじゅんぞう）
発行者────鈴木一行
発行所────株式会社 大修館書店
　　　　〒101-8466 東京都千代田区神田錦町3-24
　　　　電話 03-3295-6231販売部/03-3294-2355編集部
　　　　振替 00190-7-40504
　　　　[出版情報] http://www.taishukan.co.jp

装丁者────岡崎健二
印刷所────厚徳社
製本所────司製本

ISBN4-469-24480-5　　　　Printed in Japan

Ⓡ本書の全部または一部を無断で複写複製（コピー）することは，著作権法上での例外を除き，禁じられています。

ビジネス英語活用辞典

長野格 編集主幹／秋山武清, 小浦博, 北島克一, ヤヌシュ=ブダ 編

自然でわかりやすいビジネス英語を書くのに必要な連語関係（名詞の場合，どういう動詞・前置詞の目的語になるか，どういう形容詞を冠するか，など）を，編者の収集した膨大な用例を元にして明らかにした辞典。

A5判　616ページ　本体価格6,400円

最新 ビジネス用語英和辞典

アンドルー・チャン 編

貿易用語・経済用語の枠を超えて，英語で情報収集と発信を行うビジネスマンに必要な語・用例・慣用句を網羅した便利な英和辞典。主見出し8500のほか，派生語・複合語見出しを多数掲げ，米国の経営大学院で教えてきた編者が収集した用例を収録した。

A5判　768ページ　本体価格7,000円

―――大修館書店―――